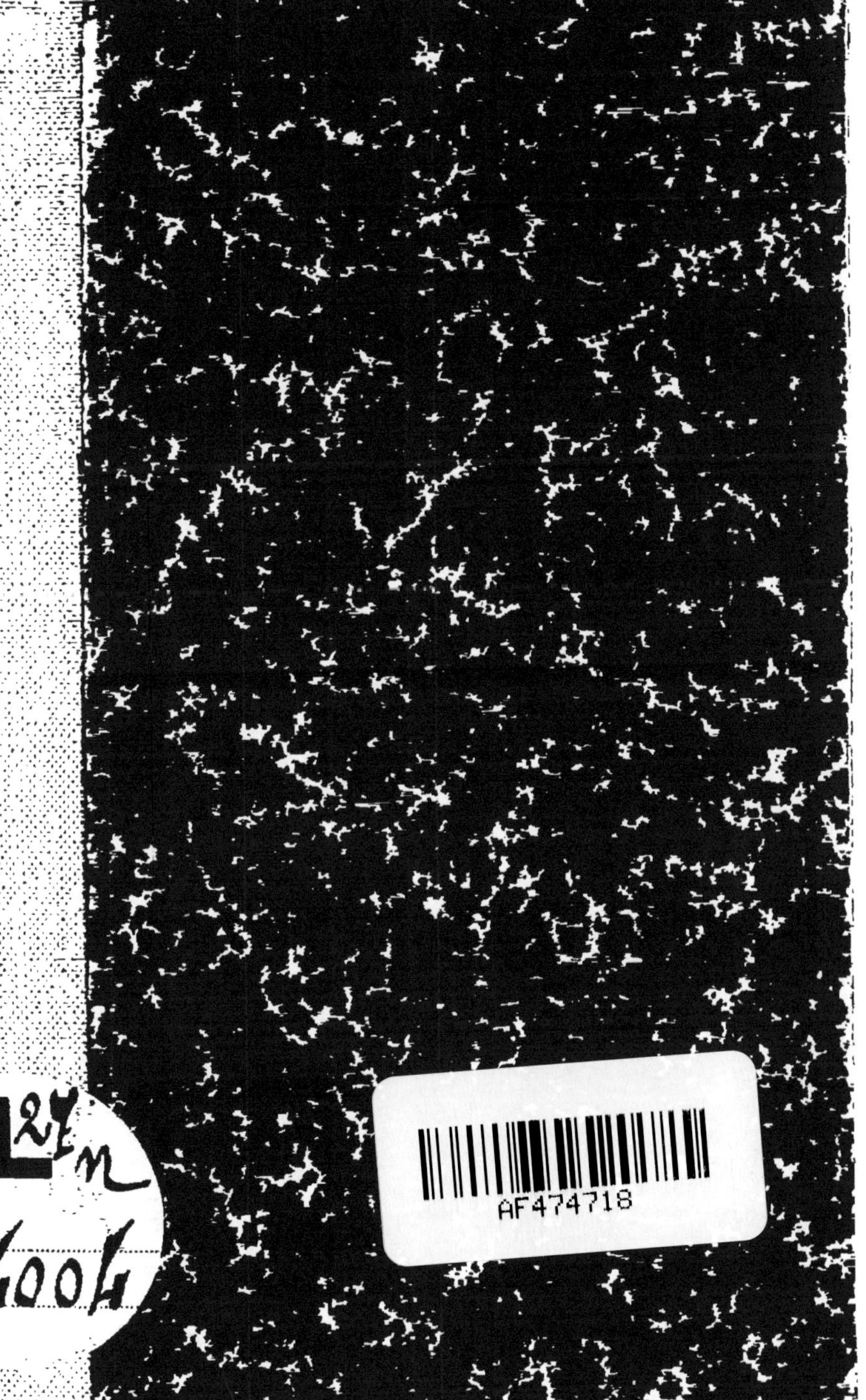

L27n
24004
AF474718

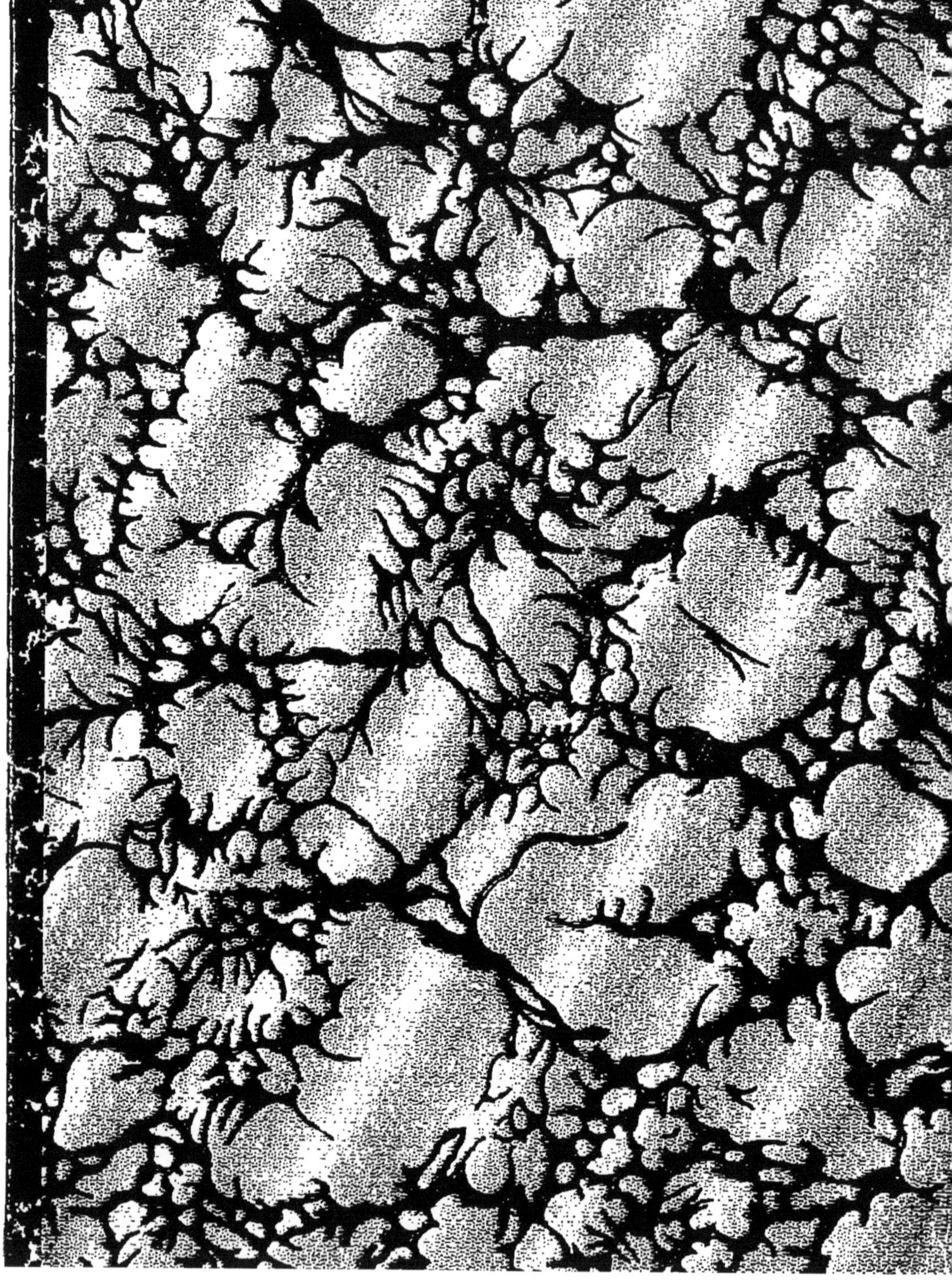

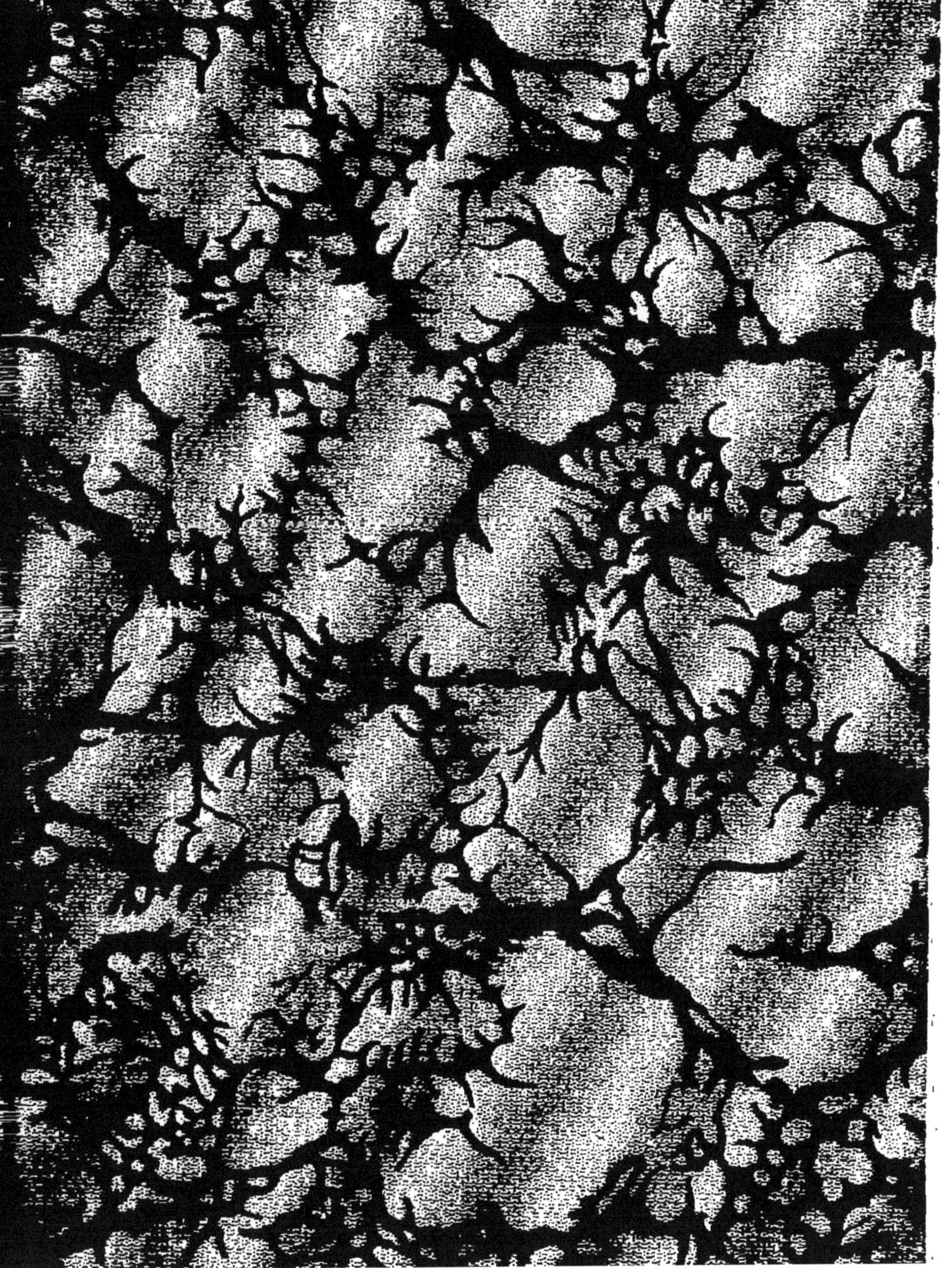

LE
P. COURTÈS

OBLAT DE MARIE-IMMACULÉE
SUPÉRIEUR DE LA MISSION D'AIX EN PROVENCE

SA VIE, SES PENSÉES

NOTICE HISTORIQUE

PAR LE R. P. DE L'HERMITE
DE LA MÊME CONGRÉGATION

2557

AIX
(PROVENCE)
LIBRAIRIE SARDAT
PLACE DES PRÊCHEURS

1868

LE

R. P. COURTÈS

Ln 27
21004

LE

R. P. COURTÈS

OBLAT DE MARIE IMMACULÉE
SUPÉRIEUR DE LA MISSION D'AIX EN PROVENCE

SA VIE, SES PENSÉES

NOTICE HISTORIQUE

PAR LE R. P. DE L'HERMITE
DE LA MÊME CONGRÉGATION

132
8

AIX
(PROVENCE)
LIBRAIRIE SARDAT
PLACE DES PRÊCHEURS

1868

A SA GRANDEUR

MONSEIGNEUR CHALANDON

ARCHEVÊQUE D'AIX

« MONSEIGNEUR,

« Le R. P. Courtès est né, a vécu, est mort dans le diocèse de Votre Grandeur. Celui des Oblats de Marie qui continua le premier l'œuvre de ce saint religieux à Aix, devait à sa mémoire le tribut d'un fraternel hommage.

« J'ai donc glané çà et là pour ma propre édification, et pour celle des nombreux amis du R. P. Courtès, quelques souvenirs dont j'ai composé un bouquet pour sa tombe. C'est un faible et incomplet témoignage; mais si Votre Grandeur, Monseigneur, qui honora le R. P. Courtès de son amitié, et qui, au jour de ses obsèques, prononça de si touchantes paroles, veut bien permettre que mon éloge funèbre, si humble, prenne place à côté d'un autre plus auguste et meilleur, je l'estimerai moins indigne de la mémoire du bon supérieur de la Mission, dont j'ai été le successeur.

« Daignez agréer l'expression de la profonde vénération avec laquelle j'ai l'honneur d'être, Monseigneur,

« de Votre Grandeur,

« le très-humble et très-reconnaissant serviteur,

« M. DE L'HERMITE,

« Oblat de Marie Immaculée.

« Saint-Martin de Tours, le 2 février 1868. »

Monseigneur l'archevêque d'Aix nous a fait l'honneur de nous répondre, à la date du 7 février :

« Je vous remercie, cher Père, de vous être souvenu de moi et de m'avoir envoyé votre notice sur notre bon Père Courtès. Que la mémoire de cet homme de bien et de zèle demeure dans le cœur des hommes, comme dans le cœur de Dieu ! Vous y contribuez puissamment, et j'aime ce bon, pieux et édifiant souvenir que vous léguez à la postérité comme monument de votre reconnaissance et de votre talent.

« Recevez, mon Révérend Père, la nouvelle et sincère expression de mon tendre attachement,

« † GEORGE, archevêque d'Aix. »

LE

R. P. COURTÈS

PREMIÈRE PARTIE

I

Dans les premiers mois de 1812, un gentilhomme de Provence, récemment ordonné prêtre, arrivait à Aix, sa ville natale, avec le désir de s'y consacrer aux bonnes œuvres. M. l'abbé Charles-Joseph-Eugène de Mazenod, après avoir fait son éducation ecclésiastique à Saint-Sulpice, venait de recevoir de Mgr de Demandolx, évêque d'Amiens, l'imposition des mains, le 21 décembre 1811. A peine ordonné, il se hâtait de regagner le Midi, pour y chercher, dans sa propre patrie, un aliment à son zèle. Dire ce qu'il y avait, dans ce jeune prêtre, de sainte ardeur, de piété éminente, de distinction et de maturité de pensées, est un soin qui appartient au futur historien de sa vie. Une plume se rencontrera sans doute qui racontera longuement et avec intérêt la vie et l'épiscopat de M. de Mazenod : — nous n'anticiperons pas ; — mais à l'éclat que rendit sa verte vieillesse il est facile de comprendre ce que durent être ses débuts dans le sacerdoce.

Allié par sa famille à la meilleure aristocratie de Provence, riche, intelligent et zélé, M. l'abbé de Mazenod pouvait sans témérité prétendre à tenir un jour un rang élevé dans son diocèse. Tels étaient sans doute les pronostics; mais Dieu avait d'autres vues. Quand les hommes font un programme pour une vie, il en compose souvent un autre, et il accorde ses dons suivant ses desseins. Exercer avec dévouement un ministère local, faire du bien dans un centre circonscrit, cela ne suffisait pas au jeune prêtre. Des désirs plus vastes s'agitaient déjà dans son âme. Il agrandissait les horizons, et son regard cherchait avec préférence, en dehors du bercail, les brebis les plus abandonnées. L'observation lui découvrit bientôt un champ d'apostolat fécond. Les masses, ignorantes de leurs devoirs, avaient désappris les pratiques religieuses. C'est parmi elles qu'il ira chercher des auditeurs, et, pour être mieux compris des pauvres et des simples, il ne dédaignera pas d'emprunter leurs formules et de prêcher en provençal, cette langue populaire et harmonieuse du Midi, que Pétrarque appelait la sœur de la langue italienne. A peine sortie des révolutions, non encore reposée de ses guerres, la France aspirait à réparer ses ruines. L'Église, de son côté, mettait à profit sa liberté récente pour faire disparaître des âmes et des institutions les ravages opérés par les temps. Des plaies profondes saignaient dans les campagnes, non moins que dans les villes. Le doute y avait succédé à la foi, et la licence à la simplicité des mœurs. L'abbé de Mazenod résolut donc de travailler au salut des plus ignorants, et d'évangéliser les populations rurales, vers lesquelles d'ordinaire les prédicateurs ne tournent pas des yeux d'envie. C'est dans ce but qu'il institua les Missionnaires de Provence. Secondé par quelques prêtres qui comprirent sa pensée et partagèrent ses travaux, aidé dans l'intérieur de la communauté, pour le maintien de la discipline, par M. l'abbé Tempier, ancien vicaire à Arles, qui seul des premiers collaborateurs a survécu au maître, pour être parmi les disciples le témoin et le narrateur de l'histoire, M. l'abbé de Mazenod vit son œuvre grandir rapidement sous le souffle de Dieu et la sanction de l'Église. Les Missionnaires de Provence devinrent avec le temps les Missionnaires Oblats de Marie Immaculée, et à l'heure présente leur congrégation compte un demi-siècle d'existence et des missions européennes et transatlantiques qui servent laborieusement et fructueusement les âmes. Selon le désir et la devise du fondateur, on s'y occupe des plus pauvres : *Pauperes evangelizantur*. Mais ce n'est pas ici le lieu de raconter ces origines, l'histoire en sera faite; plus tard on lira avec émotion les lettres échangées entre M. l'abbé de Mazenod et son premier auxiliaire. Le plan apostolique de l'œuvre actuelle s'y déroule nettement, et on entrevoit sous ce premier expériment de vie commune le profil des règles que Léon XII devait approuver. Le jeune fondateur ne fait appel ni aux académiciens, ni aux beaux diseurs; il ne demande pas de ses missionnaires la sonorité du langage ou les *sesquipedalia verba* des rhéteurs. Avant tout, il choisit pour compagnons de ses travaux des hommes de Dieu, prêts à instruire les villageois et les pauvres, et qui sachent donner à leurs discours la forme élémentaire du catéchisme et de la conférence.

Bref, l'institut a grandi avec le temps, et si nous touchons à ces souvenirs, c'est que, pour parler d'un Oblat de Marie, il fallait préalablement parler de son père en Jésus-Christ, et de la congrégation sa mère, dont il fut un des fils les plus dévoués.

Des premiers auxiliaires de M. l'abbé de Mazenod, un seul, avons-nous dit, lui a survécu ; les autres se sont éteints prématurément dans le labeur des missions. C'est donc au nécrologe qu'il faut aujourd'hui demander des noms pour reconstituer l'histoire et retremper son âme. Dans ce groupe de prêtres appelés à l'honneur de fonder une congrégation religieuse, il en est un qui provoque l'attention par des aspects de nature en apparence à la détourner.

Il fut peu connu; la génération religieuse qui s'élève n'a pas entendu parler de lui, bien qu'à peine il soit descendu dans la tombe. La publicité n'a pas immortalisé son nom, et cependant il eut un mérite et une autorité qui préserveront sa mémoire de l'oubli. Il a vécu quarante ans au même poste, cachant dans l'obscurité de sa cellule des talents qui, secondés par des forces physiques plus grandes, eussent suffi à créer une réputation. Quelques âmes seulement se sont éclairées au contact de la sienne; quelques familiers ont pu entrevoir, sous le voile dont sa timidité les enveloppait, les rares aptitudes de son esprit. Mais tous, grands ou petits, ont dit à l'envi l'aménité de son caractère et la douceur de son commerce.

Ce prêtre si bon, si pieux et si intelligent, ne pouvait disparaître de nos cœurs comme il a disparu de nos yeux.

Nous n'écrivons pas sa vie; nous ne savons pas peindre; ce n'est pas un portrait, c'est un médaillon que nous offrons à l'amitié, et qui, dans son cadre minime, suffira à lui rappeler une physionomie qu'elle vénère. Il y aura des omissions; mais la ressemblance sera fidèle. Nous avons recueilli quelques souvenirs, emprunté çà et là quelques pensées au journal de la vie, et c'est avec ces débris épars que nous allons essayer de retrouver les traits de notre frère le R. P. Courtès, supérieur de la Mission d'Aix en Provence, et assistant général de la congrégation des Oblats de Marie.

II

Jean-Joseph-Hippolyte Courtès naquit à Aix, le 1er janvier 1798. Sa famille appartenait à une de ces honorables fractions du peuple qui, à la longue, s'élèvent jusqu'à une grande aisance, par leur fidélité aux lois de la religion et aux lois du travail. Apre au labeur, son père, par sa persévérance et son économie, avait acquis une fortune assez ronde. Sa mère, morte octogénaire, le 8 mai 1864, était un type de femme simple et chrétienne; sa sœur, Mlle Mariette Courtès, qui vit encore, seconda par sa charité toutes les bonnes œuvres entreprises par le missionnaire. Mais jamais, dans cet intérieur modeste, le succès n'enorgueillit les esprits. Au foyer domestique, on retrouva toujours les traditions aimables et simples, ciment de la famille et des peuples, que les progrès modernes font disparaître chaque jour, au grand détriment de la société et au grand regret de ses meilleurs amis.

De bonne heure, le jeune Courtès manifesta les plus heureuses dispositions. Il aimait l'étude, il était pieux, il avait en horreur les jeux bruyants. Ses condisciples, le voyant passer sérieux et sage pour se rendre au collége, dont il fut un des premiers et des plus brillants élèves, lui jetaient des pierres, en disant malicieusement : *Voilà l'abbé !* Ce n'était pas un petit mérite pour un adolescent, à une époque militaire et sceptique, après un déluge dans lequel avaient sombré les croyances de la France, de suivre le courant pacifique et inconnu de la piété. Hippolyte, comme Basile et Grégoire de Nazianze, à Athènes, ne connut jamais d'autre chemin que celui de l'église et celui des écoles. Nous n'avons aucun détail particulier sur ces années studieuses, dont le récit, du reste, n'appartient pas à une courte biographie; mais un fait peu connu se place ici comme une digression, et nous apprend par quelles voies Dieu fait parfois passer une âme avant de lui révéler définitivement sa volonté.

Ses humanités achevées, le jeune Courtès était entré au grand séminaire d'Aix. Là, tout allait mieux à ses goûts et à sa foi; pour une nature douce et pieuse comme la sienne, le sacerdoce était bien la vocation indiquée. Mais on peut être prêtre séculier ou religieux, et, sous l'une ou l'autre discipline, travailler activement à sa sanctification et au salut des âmes. Le séminariste ne se rendait pas encore bien compte des nuances et des divers ministères, lorsqu'une occasion providentielle lui révéla son appel à la vie religieuse. Un père Jésuite, de passage à Aix, parla aux élèves du grand séminaire du mérite et des beautés de la vocation apostolique; l'ardeur d'Hippolyte s'enflamma aussitôt. Il crut reconnaître dans le tableau rapide du saint prédicateur l'idéal qu'il avait rêvé, et, malgré les réclamations de l'affection filiale, il n'hésita pas à se déterminer. Mais laissons-le faire. Dieu ne lui a pas encore dit son dernier mot, et ses quelques mois de noviciat chez les pères de la Compagnie de Jésus ne seront qu'une préparation à la vie religieuse qu'il devra pratiquer ailleurs; et c'est ainsi que nous voyons parfois certaines âmes suivre une route qui, de prime abord, ne paraît pas être le plus court chemin d'un point à un autre. Quoi qu'il en soit, à la fin de décembre 1816, Hippolyte Courtès partait avec deux amis à la suite du R. P. Jésuite. Le voyage fut long, les chemins de fer n'existaient pas ; il fallut faire étape à Avignon et à Lyon. Entre cette dernière ville et Paris, un enfant endormi sur les genoux de sa mère se fit un oreiller de la poitrine du bon abbé ; ce poids constant, mais porté avec mansuétude pendant un long voyage, finit par fatiguer beaucoup; mais c'était un acte de charité. On a voulu voir dans cette gêne prolongée le principe d'un affaiblissement dans la santé du P. Courtès; il cracha le sang peu de jours après son arrivée à Paris. Quoi qu'il en soit de ce fait, qui a pu être exagéré, il est déjà comme une manifestation de cette bonté si indulgente qui fut le caractère du P. Courtès et le cachet de sa vertu.

Voilà donc le jeune Hippolyte au noviciat des pères Jésuites, à Montrouge. Dès le principe, il s'adonna avec ferveur aux exercices religieux ; mais sa santé délicate ne tarda pas à se ressentir du changement de climat et d'habitudes. A dix-huit ans, lancé avec toute l'impétuosité de son âme dans une vie de perfection, loin de sa famille dont le souvenir et les doléances obsédaient son cœur sensible, loin aussi de son beau soleil de Provence dont ses yeux pouvaient bien faire le sacrifice, mais dont son tempérament débile ne supportait pas la privation, le jeune novice eut bientôt à lutter contre toutes les faiblesses de sa santé et tous les tourments de son imagination. Il se faisait néanmoins violence, en pensant que d'autres, avec des difficultés identiques, avaient finalement triomphé. Un ami de sa famille qui venait le voir quelquefois, se faisait le complice des regrets paternels, et envoyait frauduleusement à Aix des bulletins alarmants. Il s'ensuivit, entre M. Courtès et son fils, un échange de lettres de rappel d'une part, et de protestestation de l'autre. Hippolyte résistait aux reproches et aux larmes, et peut-être sa ténacité allait-elle l'emporter, quand un nouveau personnage vint peser d'un poids décisif dans cet attendrissant litige.

Le novice a une sœur qui l'aime d'une affection presque maternelle, et dont la vie entière fut consacrée plus tard à soutenir par d'abondantes aumônes les œuvres entreprises par son frère. Les parents Courtès, après bien des tentatives infructueuses, sont décidés à faire le sacrifice de leur fils ; mais la sœur ne comprend pas qu'Hippolyte s'aventure si loin, attendu qu'*au pays* il y a aussi du bien à faire : éternel argument qu'on pardonne à la tendresse des familles, mais contre lequel tous les jours vont se briser des dévouements sur lesquels l'Église comptait. Il est vrai, Mlle Courtès prenait ici, sans s'en douter, le parti de la Providence, qui voulait donner son frère à l'association naissante de M. de Mazenod. Elle écrit donc au nom de son père une lettre supposée dans laquelle elle fait jouer tous les ressorts d'une douleur inconsolable, et, sur ses insinuations, le père lui-même part pour Paris, d'où, quelques jours après, il ramenait son fils. Les supérieurs n'avaient pas voulu assumer une responsabilité trop grande, et le novice lui-même crut voir un dessein de Dieu dans tout ce qui s'était passé. Le stratagème de la sœur avait réussi.

O saintes femmes, que Dieu vous le pardonne! Depuis Rébecca jusqu'à nos jours vous avez su trouver des raisons contre lesquelles la théologie et les confesseurs sont sans réplique ; et si l'inflexibilité des principes pouvait céder, ce serait contre les industries de votre charité qu'elle irait échouer.

III

L'abbé Courtès rentrait à Aix le 14 septembre 1817. Sa santé languissante se rétablit graduellement, grâce aux bons soins dont elle fut l'objet : le climat natal y contribua aussi pour beaucoup. Mais il fallait prendre un parti, et s'arracher définitivement aux douceurs trop énervantes de la famille. La première pensée était encore là avec ses attraits ; aussi Hippolyte Courtès crut-il pouvoir la mettre à exécution en s'associant aux missionnaires de M. l'abbé de Mazenod. Déjà la congrégation établie par ce dernier pour la préservation de la jeunesse comptait Courtès parmi ses membres : ce n'était pas assez ; celle des Missionnaires de Provence, qui n'avait encore que quelques sujets, allait l'admettre dans son sein. Il se présenta donc au supérieur de la Mission, qui le connaissait déjà, et qui avait pu apprécier la vertu de ce pieux jeune homme. L'œuvre du fondateur en était encore aux essais et à cette première période toute semée de sacrifices que Mgr Chalandon, archevêque d'Aix, dans une allocution de circonstance (1), a si bien appelée *les temps héroïques* de la congrégation. On évangélisait les campagnes et on priait beaucoup, on vivait pauvrement et on ne reculait pas devant le travail. Le vieux monastère des Carmélites, transformé en pensionnat après la révolution, avait été acheté en 1815 de Mme Gonthier, institutrice, et était de-

(1) Le 7 avril 1864, à l'occasion de la cinquantième année de prêtrise du R. P. Tempier.

venu, par sa nouvelle destination, une communauté d'apôtres. L'église, employée à des usages profanes, avait été purifiée, et avait été rendue au culte après avoir longtemps servi de magasin et de théâtre pour les baladins de passage. Une bonne femme, Thérèse Bonneau, qui achève à Aix en ce moment une longue et chrétienne vieillesse, passa du service du pensionnat à celui des missionnaires. Elle aime à raconter la ferveur et l'austérité des premiers jours. Un modique salaire de cent francs lui était donné par M. de Mazenod ; le genre de vie ne se distinguait pas par le confortable, disent les chroniques ; et bien souvent Thérèse, s'apitoyant sur le pauvre ordinaire de la communauté, prenait sur le produit de sa quenouille pour ajouter au dîner de ces hommes mortifiés, qu'elle servait, dit-elle, sans leur parler jamais.

Cette perspective de vie semi-apostolique et semi-ascétique n'effraya pas le jeune séminariste. L'abbé de Mazenod eut bientôt conquis sa confiance : ces deux âmes se comprirent, et de ce jour date la vénération profonde du P. Courtès pour le fondateur, vénération qui devint un véritable culte. Le jeune congréganiste, cette fois, se sentait à sa place ; malgré la faiblesse de son tempérament, tout lui souriait dans la vie religieuse et dans la maison de la Mission. Il ne pouvait prétendre à l'activité de la vie extérieure ; mais la paix et la discipline de la communauté satisfaisaient à toutes les exigences de son âme. Il parcourut promptement tous les degrés de la cléricature et des ordres, et tout cependant faisait présager qu'il n'arriverait pas à la prêtrise, tellement il était débile. Ce fut pour lui procurer la consolation de mourir prêtre que M. de Mazenod sollicita et obtint pour lui une dispense d'âge de dix-huit mois. Qui eût pu prévoir alors que le R. P. Courtès porterait pendant plus de quarante ans le poids et l'honneur du sacerdoce?

Nous passons rapidement sur les années de sa jeunesse lévitique, notre intention étant de faire un résumé, et non d'écrire une vie.

Le novice avait prononcé ses vœux le 1er novembre 1818, dans cette réunion fraternelle et mémorable qui ouvrit définitivement l'ère de la religion à M. l'abbé de Mazenod et à ses premiers confrères. A la suite du fondateur, quelques missionnaires, animés d'un grand zèle pour le salut des âmes et leur propre perfection, avaient accepté le triple lien de l'obéissance, de la chasteté et de la persévérance. Le vœu de pauvreté ne fut ajouté que plus tard ; mais déjà il était pratiqué. L'abbé Courtès, un des profès de la première heure, appartenait donc à la congrégation de M. l'abbé de Mazenod, et après avoir fait des études théologiques à Aix d'abord, puis à Notre-Dame-du-Laus, sanctuaire célèbre des Alpes, desservi à cette époque par les Missionnaires de Provence, il allait être ordonné prêtre à vingt-deux ans et demi. C'est à Gap qu'il reçut l'onction sacerdotale des mains de Mgr Miollis, évêque de Digne, l'évêché de Gap n'étant pas encore rétabli. M. l'abbé de Mazenod assistait à l'ordination, et donna en cette circonstance, à ses confrères, un grand exemple du respect qu'il désirait leur inspirer pour le caractère épiscopal. Il voulut, lui prêtre, fondateur, et déjà, par le fait, supérieur général, porter pendant la cérémonie la crosse de l'évêque, et remplir une fonction ordinairement réservée à des séminaristes. Cet acte d'humilité, inspiré par sa foi, était une éloquente leçon donnée à des hommes destinés, par leur ministère, à prêcher dans plusieurs diocèses, et à entretenir des relations avec un grand nombre d'évêques.

Quant au P. Courtès, — car c'est ainsi que nous l'appellerons maintenant, — quels furent ses sentiments dans cette journée d'ordination? C'est à lui-même que nous demanderons de nous les faire connaître. Voici le billet qu'il écrivait à son père le jour même ; il n'y a aucune grâce de littérature, c'est l'émotion d'une âme qui fait entendre simplement son premier cri de reconnaissance :

Gap, 30 juillet 1820.

« Mon bon père,

« Nous allons repartir pour le Laus. Toute la communauté s'était transportée aujourd'hui à Gap pour assister à mon ordination. Je suis donc prêtre. Vous ne vous faites point d'idée de mon bonheur. Braves parents, je me réjouis de la joie qu'une telle nouvelle doit vous donner. Réjouissez-vous aussi de ce que j'ai reçu aujourd'hui du bon Dieu la plus grande grâce que je puisse en attendre. Ce matin, *au moment*, vous vous êtes présentés les premiers à mon souvenir, et c'était bien juste. Demain, à 9 heures, je dirai ma première messe; jugez comme je vais prier le bon Dieu pour vous. J'ai reçu aujourd'hui mille marques de bonté de Monseigneur et de M. le curé-doyen, qui a voulu *faire mes noces*. J'ai chanté les vêpres, et Mgr l'évêque a voulu que je donnasse la bénédiction du saint Sacrement. Adieu, bien bon père, je vous dois d'être prêtre, puisque vous avez tant travaillé à mon éducation. Je le dois aussi à mon second père, M. de Mazenod, qui est venu à bout de me procurer un tel bonheur, dix-huit mois avant le temps ordinaire. Le Ciel en soit béni.

« Je vous embrasse de bien bon cœur, père, mère et sœur.

« HIPPOLYTE COURTÈS,

« Prêtre missionnaire.

« Des compliments aux amis et proches. »

La reconnaissance unit ici ses accents à ceux de la piété. Qui n'a remarqué dans ces lignes écrites au courant de la plume, au sortir d'une ordination, et à la veille d'une première messe, cette expression : *au moment?* Mille périphrases eussent été moins éloquentes que ce laconisme mystérieux dans lequel s'enveloppe tout un drame d'émotions. La rhétorique est généralement fort peu heureuse à traduire les sentiments du cœur : il y a un langage spontané, plus concis et plus profond : c'est celui de la foi. Un mot seul est prononcé; mais ce mot dit tout, il résume et manifeste les pensées de l'âme. Les pensées sublimes, pour se révéler, n'ont pas besoin du luxe des phrases; un trait les indique; mais ce trait, en frappant l'esprit et le cœur, y apporte tout l'éclat de la lumière. Notre-

Seigneur Jésus-Christ ne parlait jamais autrement; son âme s'épanchait en quelques paroles, et ces paroles, passant par le commentaire de chaque âme, font l'immortel aliment de la piété. Chaque mot sorti de son cœur renfermait un monde, et ce monde, aujourd'hui, comme il y a dix-huit cents ans, n'est entrevu que par les âmes pures. Souvent on entendait le bon Maître répéter le mot heure, *hora;* dans l'Évangile, ce terme, qui n'exprime ailleurs que les divisions du temps, rappelle les mystères de l'amour. Nous sommes heureux de le rencontrer sous la plume du jeune P. Courtès : cette locution négligée dit tout et fait tout pressentir.

IV

Prêtre et missionnaire, le P. Courtès, donnant un démenti aux craintes inspirées par son état valétudinaire, devait avoir sa part dans l'œuvre des missions. C'est un ministère auquel un Oblat ne peut échapper, et, fût-il habituellement employé à des travaux plus cachés, un jour viendra où il rejoindra ses frères sur le champ de bataille. Nous n'avons pas à parler des travaux du P. Courtès. Nous savons qu'il eut occasion d'exercer son zèle dans des centres populeux : Carpentras, Forcalquier, La Fare, La Roque, Brignolles. Les retraites allaient mieux que les missions à son esprit méditatif. Dans plusieurs villes, Marseille, Toulon,

Fréjus, Nice, et même Tours, où l'attira une auguste amitié, il donna fréquemmeut les exercices spirituels à diverses communautés. Cependant, il faut l'avouer, ce n'est pas dans le ministère laborieux de l'apostolat public que le P. Courtès a laissé sa trace. Faible, impressionnable à l'excès, il usait son âme et son corps dans ces luttes fatigantes, ne donnant aucune mesure à son action comme aucun repos à son esprit. Aussi, son nom n'apparaît-il que rarement dans les annales de l'époque. Nous dirons tout à l'heure sur quel terrain il se plaça pour tirer parti des dons de son intelligence et de son âme.

Aix était sa résidence. On peut dire que pendant quarante ans il y a exercé un apostolat, obscur en apparence, mais plein de mérites. Il ne désirait pas d'en sortir. Craintif à l'excès, redoutant les difficultés, beaucoup trop défiant de lui-même, il lui fallait un terrain connu. En dehors de là, ses pas étaient incertains; il connaissait Aix et la Provence, et ne se croyait pas appelé à faire du bien en d'autres lieux. Ce fut là le tort de son humilité, et peut-être aussi le fait d'une intention providentielle, qui voulait laisser au berceau de la congrégation des Oblats un des premiers disciples, qui pût raconter à la jeunesse la vie des ancêtres, et conserver avec la ferveur première la fidélité de l'histoire.

Une seule fois, la confiance du supérieur général fondateur appela le P. Courtès à quitter momentanément la Provence, pour aller fonder la maison de Limoges. C'était en novembre 1847, à la veille d'une révolution. Étudiant en théologie, à cette époque, au grand séminaire de Limoges, nous avons assisté aux premiers travaux et aux premières épreuves des Pères de cette maison, devenue, avec le temps, un centre important pour la congrégation des Oblats. Le R. P. Courtès, dans son court passage, n'y recueillit que des souffrances. L'esprit d'indépendance soufflait alors de tous côtés ; 1848 sonna bientôt, et, en Limousin comme ailleurs, la révolution servant des rancunes, on vit des prêtres chassés indignement de leurs paroisses par les meneurs. Fonder un établissement religieux à un tel moment, populariser les missions avec de tels obstacles politiques, était une entreprise qui pouvait alarmer la prudence. Aussi, il ne fut pas donné au P. Courtès d'arriver à ces résultats, réservés à son successeur. Le P. Courtès n'eut que le temps de souffrir. Dès leur arrivée dans le diocèse de Limoges, les pères Oblats furent employés à remplacer ou aider des curés beaucoup plus qu'à prêcher des missions. Mais dans ce ministère, généralement peu sympathique à des missionnaires qui en ont choisi un autre, souvent on trouvait moyen d'être tout à la fois et curé et missionnaire. Le R. P. Courtès et ses deux auxiliaires, les PP. Viala et Chauliac ne reculèrent pas devant cette tâche ingrate, et, sans se renfermer dans des susceptibilités et des distinctions, ils abordèrent immédiatement les âmes par le ministère seul possible à cette époque. L'hiver était rigoureux, les populations agitées étaient peu aux idées chrétiennes : il fallut catéchiser, instruire à domicile, dissiper des préjugés et faire le missionnaire sous l'étole pastorale. Ce fut dans l'exercice de ces doubles fonctions que le P. Courtès, très-sensible au froid, contracta une douleur d'oreille dont il se plaignit tout le reste de sa vie. Il était déjà trop âgé pour commencer un ministère si peu en harmonie avec ses aptitudes et sa faiblesse. Ce bon Père ne fit donc que passer à Limoges, où il n'eut pas le temps d'être remarqué dans les rangs du clergé. Les rares ecclésiastiques qui ont pu l'entrevoir ont gardé néanmoins un excellent souvenir de sa bonté et de son talent, et nous avons entendu un chanoine parler avec grand éloge de quelques sermons qu'il prêcha à la cathédrale.

Un acte d'obéissance qu'on pourrait presque appeler héroïque avait seul pu arracher le P. Courtès à sa résidence d'Aix. C'était bien assez de cette preuve de zèle. Un moment, cet homme, si pacifique et si faible, puisa dans sa foi des forces qui transformèrent sa nature. Aussi le supérieur général le félicitait-il d'avoir brisé avec des habitudes de concentration et de pusillanimité. Voici un extrait d'une lettre qui nous donne une véritable photographie du P. Courtès :

« Je suis, cher Courtès, toujours plus dans l'admiration (ce qui ne veut pas dire que j'en sois surpris) de ton activité et de ton courage. Ta conduite, depuis que tu as été chargé de la pénible mission de Limoges, est au-dessus de tout éloge. Tu as montré ce que tu savais être, et je bénis Dieu mille fois de t'avoir mis à cette épreuve, pour montrer à tous quelles sont les ressources de ton esprit et de ton cœur quand tu te mets à l'œuvre. Quelle différence avec cette vie sédentaire et insuffisante pour une âme pleine d'énergie comme la tienne! Aussi est-ce à regret que je te verrai rentrer dans cette quiétude qui neutralise une grande partie des qualités que tu possèdes, et que j'ai voulu plusieurs fois, mais inutilement jusqu'à cette époque, te mettre à même de faire valoir. »

La lettre, qui poursuit sur d'autres sujets, est datée du 5 mai 1848 et signée † C.-J.-EUGÈNE, évêque de Marseille.

L'effort imposé par le P. Courtès à sa volonté dans les difficultés de la fondation l'avaient épuisé. Dans la lutte, il n'avait que la vigueur du premier élan, et était incapable d'en prolonger la durée. Comme une plante exotique qui languit loin du soleil, il souffrait loin de la Provence, qu'il avait quittée trop tard pour pouvoir se faire à un autre climat et à d'autres usages. Tous les arguments de sa raison, pourtant si élevée, ne pouvaient chasser ses appréhensions et mille tristesses de son cœur. La fermentation politique, très-grande à Limoges, l'effrayait considérablement : les menaces lui semblaient être déjà des faits, et, tout préoccupé de ces idées, il sentit le découragement venir. Quand son successeur se présenta, il aperçut, dans le parloir, des paquets de linge et de livres, disposés comme pour un déménagement. « Pourquoi cela, demanda-t-il ? — On doit piller la ville, répondit naïvement le bon vieux frère portier ; nous avons tout réuni, pour qu'on trouve tout immédiatement, et qu'on nous laisse plus vite tranquilles. » Le supérieur sourit, les objets furent remis en place, et rien de fâcheux n'arriva.

Le P. Courtès, épuisé des fatigues de l'hiver, revint donc à Aix au milieu de l'été 1848. On l'avait vu partir avec peine, on le vit revenir avec bonheur : il était l'ami et le conseiller de plusieurs, un enfant de la cité, et par-dessus tout un prêtre de doctrine et de vertu. Aix l'accueillit donc avec ce respect et cette tendresse que les villes accordent aux concitoyens qui sont leur gloire.

V

Une seconde fois le P. Courtès se retrouve à la tête de la maison d'Aix, dans cette antique capitale de la Provence, dont il connaît si bien les traditions et les familles. Il n'en sortira plus. Quinze ans encore il habita cette résidence de la Mission, dont la vétusté allait à ses goûts, et où il n'osait même pas faire les réparations urgentes. Ce n'était pas dédain pour la convenance, mais respect pour le passé, et crainte de glisser sur la pente des innovations, où il est si difficile de s'imposer un point d'arrêt. On n'entendit plus parler du P. Courtès, et il semblait que cette intelligence si bien douée s'éteignait dans le cadre obscur qu'elle n'osa jamais franchir. Le P. Courtès eût pu devenir un orateur distingué; il était bon théologien, avait beaucoup de flamme et observait très-finement les nuances du cœur humain. Avec plus d'initiative, et surtout avec plus de santé, il eût pu agrandir sa réputation et ses auditoires. Ses talents auraient rendu des services éclatants à la vérité. Il préféra la solitude. On peut en gémir ; mais, en descendant plus avant dans l'intimité de son âme, on déplore moins l'obstination qu'il mit à rester inconnu. Sa vie, il est vrai, d'une uniformité que rien ne put varier, s'écoula sans bruit, dans une cellule délabrée, en face de quelques vieux bouquins dont il préférait les richesses aux puérilités sonores des productions modernes, et dans une chapelle où sa parole et ses exemples éclairaient un noyau d'âmes fidèles. On le voyait se promener rêveur, dans de vieux corridors, que les conversations animées de ses jeunes confrères ne parvenaient pas à égayer. Et pourtant, c'est de ce centre, comme une lampe d'un point retiré, que le supérieur de la Mission répandait autour de lui, avec le parfum de ses vertus, les trésors de sa science et de sa belle âme. Il s'occupait beaucoup de théologie; les questions de l'ordre surnaturel ne lui échappaient pas, il savait en préciser tous les aspects. Il aimait aussi la théologie affective et s'entendait à la direction des âmes. Les questions, même de l'ordre civil, trouvaient en lui un juge compétent. Les connaissances accumulées par un travail incessant ne restaient pas en lui à l'état de vaine parure; il en dispensait, dans l'intimité, le superflu à ses amis. Aussi sa cellule était-elle comme un lieu de consultation où se succédaient des prêtres, des magistrats, des hommes du monde, des Messieurs des Conférences de Saint-Vincent-de-Paul, dont il était le directeur, et des étudiants des différentes facultés de la ville. Tous recevaient du P. Courtès un accueil gracieux et une lumière pour leur esprit ou pour leur âme. Il était par excellence l'homme du bon conseil : *seminator casti consilii.* Au confessionnal, à la disposition de tous, il voyait venir à lui des pauvres, des gens du peuple, des servantes et des personnes du grand monde. Il fut le directeur de plusieurs communautés religieuses. Toutes les classes de la société l'estimaient. Il avait un don particulier pour éclairer les consciences et consoler les cœurs abattus. Ses qualités et son savoir lui avaient acquis une considération universelle, et dans le clergé on tenait ses avis en haute estime. Il assista, en qualité de théologien, à deux conciles provinciaux, à celui d'Avignon d'abord, et à celui d'Aix, comme théologien de Mgr l'archevêque, en 1850. Il prit une part active aux délibérations et à la rédaction des décrets. Pendant longtemps il fut un des quatre assistants du supérieur général des Oblats. Rien n'égalait sa vénération pour Mgr de Mazenod, le fondateur de sa société. Sur ce point du respect et de l'obéissance, il n'admettait pas l'ombre d'une hésitation, et on l'a vu, lui si bon, se monter presque jusqu'à la colère, pour condamner certaines paroles sans portée, sous lesquelles son dévoûment croyait apercevoir un blâme ou une résistance. Le P. Courtès parlait élégamment la langue latine, et maniait aussi très-bien la langue française. Il était très-attaché à son institut comme au bien des âmes. En voici une preuve : Il y avait à Aix un laïque appartenant à une excellente famille, et très-connu par les bonnes œuvres dont il était un des promoteurs et des soutiens. Le P. Courtès devina sous cette charité apostolique une âme de prêtre. M. de Saboulin avait cinquante ans ; son humilité n'eût pas osé aspirer au sacerdoce. Le P. Courtès l'y poussa, détruisit tous les obstacles, et, tout en conservant à la ville un de ses enfants les plus utiles, il le donna aux âmes et à l'Église. Devenu prêtre et oblat, M. de Saboulin a continué les bonnes œuvres d'autrefois, et les pauvres sont restés fidèles à ce vieil ami qui maintenant les catéchise tout en les assistant.

VI

Le P. Courtès écrivait fidèlement son journal : sa plume écrivait sans art et comme notes personnelles les réflexions de la journée. Aussi ses lectures profitaient-elles à son esprit, et les considérations de l'ordre philosophique ou théologique prenaient-elles, condensées par ce résumé quotidien, la forme d'une thèse. Nous avons eu entre les mains ce recueil, qui n'était fait dans aucune vue ultérieure de publicité, et qui eût disparu avec son auteur, si des amis plus jaloux de la réputation du P. Courtès que lui-même n'en eussent transcrit les pages. On y trouve d'heureuses réflexions et un choix de pensées qui pourraient indirectement servir d'éloge posthume. La forme n'a aucun éclat; on sent que le P. Courtès ne notait que pour la seule satisfaction de son intelligence, sans s'inquiéter des lecteurs. Le genre apologétique y domine; ce sont des réponses à des objections du moment, c'est le résumé d'une conversation, d'une lecture; partout on y rencontre la trace d'un esprit sérieux et méditatif, et nulle part la couleur d'un écrivain. Plusieurs sujets ont été ainsi traités, bien que sans suite : la religion, l'Église, la sainte Vierge, etc. En un mot, ce sont des notes de missionnaire; les préjugés vulgaires y sont traités de haut. Voilà, par exemple, quelques réflexions à l'adresse de ceux qui admettent que toutes les religions sont bonnes.

« Ceux qui croient que toutes les religions sont bonnes méprisent singulièrement l'espèce humaine. Ils voient, sans honte pour leur race, de pauvres mortels prosternés devant des idoles de bois et d'argile, ou bien croyant à Mahomet comme à un prophète, ou bien adorant comme dieux les astres, les fontaines, etc. On dira : — Mais Dieu est dans tout cela, ce n'est que le voile qui est différent. — Connaît-on rien de plus absurde? Mieux vaudrait briser tout rapport entre Dieu et les hommes que de s'imaginer un Dieu également honoré par la prière de David, qui l'adore comme seul créateur de tout ce qui existe, et qui appelle tous les dieux des nations des *démons*, et par la prière des Gentils, qui s'adressait au dieu du sommeil, de l'argent, des voleurs, des grâces, etc. Est-ce le même Dieu qui est invoqué par le juif et l'infidèle? La Providence a permis qu'en général les religions s'excluent mutuellement, afin que l'on comprît mieux que l'indifférence et la tolérance sont inadmissibles. Le christianisme, par exemple, reconnaît Jésus-Christ pour Dieu, le mahométisme ne voit en lui qu'un prophète et regarde les chrétiens comme des *chiens d'infi-*

dèles. Si une religion est nécessaire — et rien ne le prouve mieux que les diverses religions elles-mêmes — ne faut-il pas en inférer que cette religion doit être unique et avoir seule la vérité? »

Il établit ensuite les preuves de la religion catholique : les prophéties, les miracles, l'enseignement de Jésus-Christ ; puis, résumant tous ces faits historiques si imposants, il dit : « Bossuet se moquait avec raison de ceux qui, après tant de siècles, forment la secte des *chercheurs*. Vouloir reprendre l'étude des choses comme si c'était à recommencer, ce serait folie.

« Il sera toujours plus sûr et plus raisonnable de prier avec David, avec les martyrs, avec les docteurs, les Ignace, les Origène, les Chrysostome, que d'être errant au gré des passions et des assertions, tels qu'Épicure, Pyrrhon, Voltaire. »

Abordant la question par le côté pratique, il écrit : « Le véritable état de la question à traiter avec ceux qui n'ont pas de religion et qui ne la pratiquent pas, c'est que sa nécessité se manifeste dans toutes les situations de la vie. Est-on dans la prospérité, la religion réprime l'orgueil; nous arrive-t-il une contrariété, la religion en tire parti ; est-on en butte à un grand malheur, à quelque accusation grave et injuste, la religion est l'appui, la ressource de l'âme. Ainsi des maladies, des fléaux, des deuils : la religion sanctifie tout. Et qui mieux qu'elle offrira des remèdes? N'est-elle pas la vérité, puisqu'elle répond parfaitement à nos besoins? »

« Quand on se trouve avec des gens

sans honneur, sans délicatesse, sans charité, on souffre, et on en estime davantage la race opposée. Or, c'est la religion qui forme cette race. Supposez que tout le monde se confesse, comme quelques-uns le font dans le siècle, comme le font les personnes religieuses dans le cloître, avec la crainte d'offenser Dieu, le désir de mieux faire, de mieux accomplir les devoirs de son état, le monde n'y perdrait rien sous le rapport de la paix, de l'union, de la loyauté dans les transactions, de la pureté dans la pensée et dans les paroles. Comment donc ne pas aimer la religion et ses pratiques, qui mènent à de si heureux résultats, même pour cette vie passagère?

« Quand on voit les sublimes sentiments que la foi inspire aux hommes les plus malheureux, sous le coup d'une condamnation injuste, montant à l'échafaud, comme Louis XVI et sa royale épouse, on est ramené à la Providence, à la fin de l'homme, à sa dignité, et aux espérances éternelles.

« La religion soutient la discussion et triomphe de toutes les difficultés ; les religions fausses succombent à l'examen. Dieu a voulu la lutte, afin que la vérité fût un fruit du ciel et de la terre, de la grâce et de la bonne volonté des hommes. Ce plan est d'une haute sagesse.

« Si quelque chose prouve la divinité de la religion, c'est la sainteté exigible de certaines vocations, telles que le sacerdoce et l'état religieux. La religion est prise au sérieux dans la confession, la communion, qui imposent tant de sacrifices et de préparations à certaines âmes. Est-ce que Dieu n'en tiendra pas compte ?

La religion si sérieusement entendue par certaines âmes doit mettre en considération ceux qui n'en ont pas. Le christianisme produit et forme des âmes candides, pures, simples, bonnes et douces. Il faudrait que la vertu fût un mythe, et Dieu un mot vide de sens, si ces âmes étaient trompées dans leurs espérances.

« Si le christianisme était un système philosophique, on pourrait le prendre ou le laisser. Mais il s'annonce comme divin, comme obligatoire pour la conscience, avec la sanction des peines éternelles; dès lors, l'indifférence est impossible à son égard. »

VII

Le P. Courtès était à la hauteur de toutes les grandes questions sociales. Il suivait avec anxiété les progrès de cette destruction souterraine qui sape les institutions, et on l'entendait soutenir, sur tous les sujets des controverses contemporaines, des thèses pleines de raison et de sens. Le christianisme est un fait public comme un fait intime. Il a sa vie extérieure manifeste à tous les yeux, et sa vie latente qui se déroule sous le seul regard de Dieu. On ne peut le chasser de la société, comme on ne peut le chasser du dogme et de l'histoire. Il touche à tout ce qui intéresse le bonheur des peuples et celui des individus. C'est le propre des esprits prévenus ou distraits, de méconnaître son action ou ses droits dans la vie de ces grandes familles collectives qu'on appelle des États. Les hommes sérieux, au contraire, sont dans l'admiration de ce qu'il a fait pour la prospérité et l'honneur des nations, quand on lui a permis de se mêler à leur vie. Il compénètre toutes les fibres sociales, et jusqu'au sein des erreurs de l'esprit humain, il arrive encore à temps, pour sauvegarder dans les masses, les notions du bon sens et de la justice. Le P. Courtès ne pensait pas que la conscience individuelle soit le seul théâtre ouvert à l'action catholique; il en appelait à l'expérience des âges, pour établir le fait démonstratif de la supériorité de l'Église dans l'art de rendre les nations heureuses. Nous trouvons dans ses notes un beau passage qui, malheureusement, n'est qu'une indication. L'intelligence du bon Père, après avoir tracé un programme, était de taille à en suivre tous les détails.

« L'Église a soutenu la liberté métaphysique de l'âme humaine contre les philosophes et contre les hérétiques. Elle a créé la liberté domestique en élevant la femme à la dignité d'épouse; elle a créé la liberté, en abolissant, parmi les peuples chrétiens, la vente de l'homme et l'esclavage; elle seule proclamera la vraie liberté politique, en fixant les justes limites de l'obéissance et du commandement. L'Église sert l'État, en recommandant à toutes les classes la soumission à la volonté de Dieu, l'obéissance aux lois, la résignation dans les souffrances. Quels fonctionnaires, quels juges, quel pouvoir réprimant, quelle force armée ont rendu plus de service à la société que le sacerdoce, qui n'a le pouvoir que de l'esprit, pour obtenir ce que la législation obtient par la force des décrets! »

« L'Église est une institution surnaturelle ; si elle eût été abandonnée aux seules forces naturelles, un demi-siècle après sa naissance, elle eût eu le sort des choses humaines qui ont fait leur temps. L'Église doit demeurer une fontaine sacrée d'eau vive toujours limpide, où, vainqueurs et vaincus, puissent, après les agitations sociales, se désaltérer ensemble, en se donnant le baiser fraternel de réconciliation et de paix. Ainsi, Jérémie, occupé à relever les remparts de Jérusalem, répondit quatre fois aux messagers qui lui furent envoyés : « Je termine un grand travail que je ne puis interrompre. » L'Église s'occupe du salut éternel des âmes, et rien ne peut la distraire de cette œuvre capitale. »

Ailleurs, parlant de la sainte Vierge, pour laquelle il eut toujours, comme prêtre et comme oblat, une dévotion filiale, le R. P. Courtès remarque que son culte est une protection pour les empires comme pour les âmes : « L'union avec la sainte Vierge peut en quelque sorte servir de mesure, pour les États catholiques, à leur prospérité, à leur grandeur. Tout ce qui s'appuie à ce roc impérissable participe de sa force et de sa gloire. »

Il serait facile de développer cette proposition. En ce qui regarde Pie IX, par exemple, ne semble-t-il pas que sa dévotion à la sainte Vierge soit le bouclier de sa puissance? Il l'a proclamée immaculée, et, au sein des épreuves, il se tourne vers cette Reine du ciel, qui protége par un miracle incessant le trône menacé du Pontife.

Le journal du P. Courtès, écrit sans suite, renferme cependant une foule de sentences fort belles et de réflexions théologiques ou morales du plus haut intérêt. Nous ne pouvons que composer un écrin de ces phrases jetées sur le papier, à mesure que l'intelligence les formait, sans souci aucun des méditations du lendemain. Partout la supériorité du christianisme comme étant la meilleure école du bonheur ici-bas, s'y révèle; c'est un aspect sous lequel on ne le considère pas assez. Le christianisme explique tout, et le retrancher des faits et des esprits, ce serait créer un gouffre où toute croyance et toute certitude iraient sombrer. « Une preuve de la vérité du catholicisme, est qu'on ne peut nier les vérités qu'il proclame, sans être amené rapidement à tout nier, même Dieu et l'existence de l'homme. Ainsi je dirai à celui qui objecte l'existence du mahométisme, et qui en tire la conséquence que l'Évangile n'est pas plus la vérité que l'Alcoran : Si Dieu est indifférent aux religions, s'il est honoré par l'erreur comme par la vérité, ajoutez qu'il n'y a pas de Dieu ; car mieux vaut l'athéisme qu'un Dieu sans raison et sans sagesse. »

VIII

Nous avons dit que le P. Courtès avait une piété affective. Il aimait beaucoup

Notre-Seigneur Jésus-Christ, et l'on trouve fréquemment dans ses écrits la trace de cette dévotion génératrice des autres.

« N'est-ce pas qu'un Dieu-Enfant qui pleure, qui fuit la persécution, qui souffre, est une idée difficile à adopter? Oui; mais cet Enfant a parlé mieux que le plus sage des philosophes, il a annoncé une doctrine sublime, il a fait des œuvres qui sont impossibles à un pur homme. Il ne vous reste plus qu'à concilier cette petitesse avec sa grandeur, et ce sera toujours chose facile, quand vous ne douterez point de ces œuvres merveilleuses qui ne peuvent venir que d'un Dieu. Le passage de Jésus-Christ dans le monde est le plus grand événement qui soit arrivé, puisque c'est à partir de la prédication de l'Évangile que le monde a été renouvelé. Un peu plus tard, le divin conquérant n'eût paru qu'après le naufrage de la société. Quand l'ouvrier galiléen apparaît dépouillé de toute auréole, songez qu'il a des précédents, que le grand Isaïe a fait d'avance son histoire; songez qu'il s'est ressuscité par un acte de puissance inouïe, qu'il s'est montré ressuscité aux Apôtres, à Paul, à la multitude; songez que des théologiens comme Grégoire, Augustin, dans l'antiquité; Fénelon, Bossuet, dans des temps plus modernes, l'ont reconnu comme le Fils de Dieu, de même nature que Dieu; qu'il a parlé, agi comme Dieu, et surtout qu'il s'est dit Dieu; que sa doctrine répond à tous les besoins de l'humanité; et puis ne tenez plus compte des imaginations, et adorez-le comme Dieu.

« Le Rédempteur s'est soumis à nos peines et aux actions de la vie les plus communes pour leur donner du prix. Le cœur souffre parfois des humiliations, des faux jugements, des calomnies, des haines : le Christ a voulu subir cette épreuve; sa patience nous encourage et nous sert de règle.

« Le libre penseur, en entendant raconter certaines circonstances de la vie de Jésus-Christ, le dépouille dans son esprit de son manteau divin. Mais ce penseur, puisqu'il est si libre, doit réfléchir qu'un homme qui s'est dit Dieu, qui est dit Dieu par les plus sages et les plus éclairés des hommes, qui est le centre de tout bien, la pierre angulaire de l'édifice moral, de façon que, hors de lui, on ne sait à quelle croyance s'arrêter, est véritablement ce qu'il dit être.

Jésus-Christ est Dieu, parce qu'il est le centre de l'expiation. Le Dieu du ciel ne suffit pas toujours à nos besoins ; il nous faut le Dieu du Calvaire. Qu'il naisse d'une vierge, qu'il ait vécu caché, qu'il soit mort, c'est aussi sublime que d'opérer des miracles. Sa gloire est d'avoir les cœurs pour culture. On a vu des législateurs, des conquérants, des hommes célèbres qui s'occupaient de l'instruction, des arts ; mais le Christ a voulu agir sur les cœurs et les réformer.

« Tout ce qui se fait contre la loi de Jésus-Christ se fait contre les pauvres. Satan hait les pauvres, parce que Jésus-Christ les a aimés. Les opinions que le malin esprit fait régner, les progrès qu'il provoque, tournent en définitive au détriment de la multitude, et retombent sur elle en misère, en ignorance, en abandon, en esclavage; et le rude joug du monde remplace le joug suave et le fardeau léger de Jésus-Christ. La civilisation qui s'éloigne du Christ s'éloigne en même temps de ceux qu'il a aimés, et replonge les pauvres âmes dans toutes les abjections, dans tous les mépris, dans tout l'esclavage dont il les avait délivrées par les mains de l'Église.

« La couronne de Jésus-Christ, notre monarque, est une couronne d'épines; l'éclat qui en rejaillit, ce sont les afflictions, les souffrances; c'est dans les pauvres, c'est-à-dire dans ceux qui souffrent, que réside la majesté du royaume spirituel. Jésus-Christ étant pauvre, il était de la bienséance qu'il liât société avec ses semblables, et qu'il répandît ses faveurs sur ses compagnons de fortune.

« Le saint Sacrement résume la création dans le chef-d'œuvre des mains de Dieu. Quels beaux rapports entre les voiles de l'enfance et les voiles de l'hostie, entre la retraite de Nazareth et le silence du sanctuaire, entre la Visitation et la communion ! Le saint Sacrement nous révèle Dieu. Autour de cet océan infini de l'être, de la lumière et de l'amour, se pressent toutes les hiérarchies. En Jésus, Dieu est le Dieu de tous, et la sainte humanité du Sauveur sert de colonne et d'ostensoir à la divinité... »

Le P. Courtès, qui aimait beaucoup Notre-Seigneur et tout ce qui se rattachait à son culte, cherchait à inspirer cet amour aux âmes. Il parlait de Jésus-Christ avec une onction toute particulière. Mais ce n'était pas assez de le faire connaître par la prédication ou la direction ; il voulut que Notre-Seigneur eût son triomphe public comme il a son triomphe intime dans les consciences. Le P. Courtès était directeur de l'association du Sacré-Cœur établie dans l'église de la Mission ; comme prédicateur et promoteur de cette dévotion, il nourrissait la pensée de rétablir la procession solennelle du Sacré-Cœur, supprimée par des motifs de prudence. Ce fut à ses instances que Mgr Darcimoles, archevêque d'Aix, cédant à une pensée qui lui était personnellement chère, rendit à sa ville, en 1852, ce beau et pieux spectacle. Depuis cette époque, chaque année, la procession du Sacré-Cœur se déroule sur le Cours, et déploie autour de la fontaine centrale de la Rotonde ses spirales et ses mille lumières. C'est une scène bien belle que celle de la bénédiction solennelle, donnée à la chute du jour, à des masses de fidèles dont les anneaux ramenés sur eux-mêmes enlacent le dais et le calvaire où le reposoir est dressé. Souvent Mgr l'archevêque porte le saint Sacrement; on a vu les premiers magistrats et les hommes les plus honorables de la cité tenir les cordons du dais; les Messieurs des Conférences de Saint-Vincent de Paul font cortége à Notre-Seigneur, les congrégations et le clergé prennent part à cette manifestation : en un mot, c'est un grand triomphe et un touchant spectacle.

IX

Parmi les ministères exercés à Aix par le R. P. Courtès, il faut signaler celui d'aumônier des prisons. Non pas que la responsabilité de cette charge pesât sur lui seul, ordinairement un Père de la Mission faisait ce service; mais le P. Courtès, comme supérieur, avait sa part dans toutes les œuvres confiées aux soins des missionnaires Oblats. On le voyait souvent paraître aux prisons, visiter les malheureux frappés par la justice humaine, les consoler, les instruire; et quand une exécution capitale devait avoir lieu, le R. P. Courtès, imposant à sa sensibilité excessive un effort que la foi seule pouvait soutenir, se faisait un des anges gardiens du pauvre condamné. Avec le Père directement chargé de l'aumônerie, il accompagnait à l'échafaud le pauvre coupable. Pour qui a connu ce prêtre si bon, si accessible à toutes les impressions, et dont la compassion pour les peines d'autrui était une des vertus principales, cet acte de charité paraîtra héroïque.

Le hasard nous a fait retrouver une lettre que le R. P. Courtès adressait à son supérieur général, Mgr de Mazenod, au retour d'une de ces scènes redoutables. L'imagination ne s'y montre pas exaltée : on sent que le prêtre a pris son cœur à deux mains pour imposer silence à la vivacité de son émotion :

Aix, le 17 janvier 1860.

« Monseigneur et bien-aimé Père,

« Je veux vous rendre compte directement de notre journée d'hier, parce qu'elle a été bonne pour le salut d'une âme et pour la religion. Le condamné Vincent a subi la peine capitale, quoiqu'on espérât pour lui une commutation. Dès le samedi, j'avais été prévenu par le concierge que l'exécution aurait lieu le lundi. J'en dis un mot au brave Père Chardin (1), le dimanche après l'oraison; et, pour calmer son émotion, j'ai tout lieu de croire que, comme saint François Xavier, le digne prêtre s'infligea immédiatement une macération qui de-

(1) Le R. P. Chardin mort depuis, et qui a laissé lui-même à Aix le souvenir d'une haute piété.

vait retremper ses forces. Vincent s'était confessé plusieurs fois, et nous ne jugeâmes pas à propos de déroger à l'usage qui existe de ne prévenir les condamnés que le matin de leur dernier jour. A six heures, nous étions à la prison, Chardin et moi. Le gardien en chef, ainsi que c'était convenu la veille, alla éveiller ce pauvre jeune homme, et lui signifia de le suivre, parce qu'il était demandé par des supérieurs. Nous le reçûmes à la chapelle, et nous lui dîmes, en l'embrassant, que nous ne nous attendions pas à la décision qui le concernait, et que nous le plaignions sincèrement. Il nous répondit qu'il n'était pas aussi malheureux que nous le pensions, et qu'il était résigné. Le P. Chardin le confessa à la sacristie, et je commençai la messe devant les administrateurs et la confrérie des Pénitents bleus. Le patient prit place sur un fauteuil sans rien dire, et avec le calme le plus édifiant. Au moment de la communion, en lui présentant Notre-Seigneur Jésus-Christ qui venait à lui, je lui dis qu'il avait toujours aimé les pécheurs repentants, qu'il avait pardonné à Madeleine qui pleurait à ses pieds, au bon larron qui le reconnaissait pour son Dieu, et qu'il lui avait promis de le recevoir le jour même dans le paradis; qu'il lui annonçait la même grâce par mon organe, pourvu qu'il fût pénétré de douleur de ses crimes. Tout le monde était ému ; on priait avec ferveur.

« Après une seconde messe célébrée par le P. Chardin, nous reçûmes le patient dans la confrérie des Pénitents bleus. Après quoi, le condamné prit tranquillement un petit repas auquel nous assistâmes pour surveiller avec le concierge, qui est un excellent homme, la manière dont cette action serait faite. Le calme et la résignation ne se sont pas démentis un seul instant. Il a remercié d'une voix très-accentuée ses gardiens, et nous sommes partis à pied. L'échafaud était à la plate-forme. Pendant le court trajet, nous avons soutenu le pauvre jeune homme : il n'était âgé que de vingt-deux ans. Tantôt, quand il regardait un peu trop la foule immense, nous lui disions de ne songer qu'à Dieu, qu'il allait bientôt voir; tantôt nous lui disions quelques paroles de charité : « Nous écrirons à votre mère que vous êtes mort en chrétien. Notre-Seigneur a été à pied au Calvaire. Sainte Marie, mère de Dieu, priez pour nous, etc. » — Arrivé au terme, il m'a embrassé affectueusement. Je ne suis pas monté, — c'était au confesseur à le faire.— L'instant d'après, c'était fini. »

X

Le R. P. Courtès avait dans le caractère un grand fonds de mélancolie. Plusieurs causes contribuèrent à entretenir en lui cet état moral : son tempérament débile d'abord, fatigué sans cesse par les agitations de la fièvre; et puis sa très-grande sensibilité. Il portait au cœur toutes les délicatesses de la piété et de la foi; le malheur d'autrui éveillait en lui un retentissement douloureux; l'étude des âmes, l'histoire de leurs souffrances, de leurs préjugés, de leurs chutes, provoquaient toute l'attention et toute la commisération de sa charité. Il s'occupa beaucoup des pauvres ; c'est lui qui était leur prédicateur ordinaire, chaque dimanche, à la messe que les Messieurs de Saint-Vincent de Paul ont instituée pour eux. Aussi, son attrait était pour les dévotions qui rappellent les plus grandes tristesses et les plus grandes souffrances. Le P. Faber, dans un livre intitulé *Bethléhem,* étudiant ces différentes tendances des âmes, dit : « Quelques-uns ont leurs oreilles spirituelles tellement poursuivies, que pendant toute leur vie ils entendent les plaintes incessantes des âmes du purgatoire, semblables aux agneaux égarés dont les bêlements retentissent à travers les rochers et les montagnes. » Le R. P. Courtès entendit constamment ces voix plaintives; sur cet article du dogme, il possédait une science approfondie, fruit de ses études d'abord, et aussi de ses méditations et de sa piété. Il parlait souvent du purgatoire, de l'état des âmes qui y souffrent, des causes qui portent la justice de Dieu à exiger cette expiation temporaire si rigoureuse, des moyens que la piété peut employer pour soulager les âmes, des indulgences, etc. Sur tous ces points il était intarissable, et ceux qui l'entendaient fréquemment discourir trouvaient dans ces conversations mélancoliques auxquelles il se plaisait un intérêt toujours plus saisissant. « J'aime tout ce qui sent l'autre monde, écrivait-il dans son journal. Nous avons besoin de témoignages qui nous l'annoncent. Il n'y en a jamais trop, quoique assurément il en existe assez dans la grande voix de l'Église; mais Dieu permet que les particuliers reçoivent quelquefois des témoignages qui sont à leur adresse, et cette attention de la Providence est précieuse. »

Ailleurs, il écrivait : « La tristesse n'est pas un péché en soi, quoiqu'elle donne lieu à bien des péchés de défiance envers Dieu et les voies sublimes par lesquelles il nous conduit, toutes pleines d'une compassion et d'une providence sensible, bien aimable, quand on aime Dieu comme un père. Aussi, il faut se tenir en garde contre la tristesse, quand elle n'est pas un levier qui nous rejette avec transport dans le cœur de Celui qui est notre plus douce consolation. Les larmes doivent couler pour Dieu et pour nos péchés. Dieu permet nos peines, nos tristesses, afin que, n'ayant point d'attrait de nous-mêmes pour les humiliations et les souffrances, nous participions ainsi à celles de notre modèle.

« Les tentations croissent avec les obligations de sainteté ; c'est l'explication de cette parole des livres saints : « Parce que vous étiez agréable à Dieu, il était nécessaire que la tentation vous éprouvât. »

« L'apôtre saint Paul dit que chacun portera son fardeau : *Unusquisque onus suum portabit*. Belle maxime, et qui doit apprendre que les fautes d'autrui ne sont pas une justification des nôtres. Pourquoi êtes-vous triste, âme faible et désolée ? Relevez-vous ; saisissez d'une main le gouvernail, et de l'autre la rame, et voguez avec assurance par-dessus les abîmes du doute, vers cette région céleste où vous attendent les joies et l'amour que vous demandez en vain à l'humanité.

« La souffrance est là pour vous faire sentir jusqu'à la mort, et par la mort, que nous sommes coupables. Si nous n'avions rien à souffrir, nous serions tentés de nous croire innocents. Jésus a lavé les taches de notre âme, il est vrai, dans son sang; mais il en a laissé encore qu'il faut que nous effacions par la souffrance. C'est encore une nécessité de souffrir, parce que nous sommes les enfants de la miséricorde. Nous sommes faits, en effet, pour le ciel, nous devons travailler à y arriver; mais nous avons en nous des penchants qui nous tirent toujours vers la terre, nous avons des passions qui tyrannisent notre âme; il faut toujours lutter; pour lutter, il faut souffrir. »

Expliquant quelque part les luttes entre le bien et le mal, il dit : « Le bien et le mal, ces deux pôles de la vie intellectuelle ou morale, constituent par leur mélange et leurs combinaisons, résultat des manifestations de la liberté humaine, l'histoire des individus et des peuples. Dieu et Satan occupent les extrémités de cet axe redoutable, et au-dessous d'eux s'échelonnent tous les êtres libres, suivant leur degré de sainteté ou de dégradation.

« Le zèle dévore, et il ne faut pas s'en plaindre. Le mal et le péché ont leurs victimes qui dépensent, à les poursuivre, les ressources d'un tempérament vigoureux; pourquoi Dieu n'aurait-il pas des autels où se consommerait aussi le sacrifice de la jeunesse unie à la force et à la santé?

« La loi d'immolation est toujours la loi du chrétien; dans les temps de relâchement il faut des âmes d'élite, des cœurs purs et généreux qui s'immolent à leur Dieu, et qui perfectionnent en leur chair ce qui manque à la passion du Sauveur. J'aime à vous faire comprendre ces paroles : «Il a souffert dans sa chair ; » — mais il a une autre chair qui qui est la vôtre, qui est la mienne. Il dit du tabernacle : « Cette chair est tienne, elle est mienne ; il faut qu'elle souffre aussi, afin que tu achèves ce que j'ai commencé. »

XI

Le R. P. Courtès était un prêtre éminemment pieux, vivant dans la prière et l'intimité de Dieu. La solitude lui était chère, et c'est dans sa paix qu'il trouvait toutes les consolations. Son journal est rempli de maximes spirituelles qu'il écrivait à mesure qu'elles se présentaient à son esprit, et qui n'ont entre elles aucune corrélation nécessaire. Les pensées isolées sont quelquefois fort belles, et elles respirent en général un grand parfum de piété et d'union à Dieu. Nous en citerons quelques-unes :

« La vraie et solide piété, c'est tout le chrétien (1). Il ne faut pas se flatter d'être disciple de Jésus, si on ne marche dans cette voie de perfection à laquelle est convié tout le peuple de la véritable alliance. Nous ne devons pas nous contenter d'une conduite extérieurement

(1) Bossuet a dit dans son *Oraison funèbre du prince de Condé* : « La piété, c'est le tout de l'homme. »

régulière; il faut que l'essentiel de la piété se trouve dans nos sentiments et nos actions. Si on était persuadé que la vie chrétienne est une vie de renoncement, si on aimait Jésus-Christ souffrant, refuserait-on de souffrir pour lui, serait-on si découragé dans les traverses de la vie, si sensible aux mécomptes, si prompt à murmurer! « Soyez parfaits comme votre Père des cieux est parfait. » Cette divine recommandation devait être présente à toutes les âmes qui ont senti vivement le désir du bonheur, dont la possession n'est possible qu'à la vertu vraie et pure, comme l'enseigne l'Évangile.

« L'Écriture dit, — et ce sont les propres paroles du Sauveur, — que « ceux qui portent le joug de l'Évangile trouveront le repos de l'âme. » Cette joie ferait disparaître la pointe de la douleur, si on savait être chrétien. Que faut-il souvent pour nous calmer? Un mot, un sourire d'une personne considérable et ayant quelque autorité sur nous. C'est bien l'indice que nos peines n'ont pas une valeur intrinsèque invincible. Il faudrait se traiter comme un tiers, au moins dans ses pensées, dans la manière de voir sur notre compte; on le ferait toujours avec calme et dignité. Cette manière de s'aimer comme son prochain aurait de grands avantages. On verrait plus clair et plus juste dans les affaires, on s'épargnerait bien des ennuis, bien de tristes impressions.

« Quels beaux exemples fournit l'histoire d'âmes en paix dans les épreuves! Il y en a chez les rois, chez les reines, chez les simples particuliers, chez les religieux surtout. Une position que l'on n'a pas faite soi-même, surtout quand on est religieux, est une position faite de la main de Dieu, ou au moins certainement providentielle. »

Comme on le voit, il y avait toujours dans l'âme du P. Courtès un fonds de pieuse tristesse. C'était par cet aspect un peu mélancolique qu'il aimait à considérer tous les sujets soumis à sa réflexion ; mais son union avec Dieu était sensible, et il se consolait à ses pieds de toutes les peines dont il était soit le patient, soit le dépositaire. Faire du bien aux âmes, adoucir des souffrances, consoler des affligés, des âmes inquiètes, était son bonheur, et il excellait dans cet art tout apostolique : « Je ne puis plus voir les hommes sans penser à leurs âmes, » écrivait-il dans son journal. En échange des consolations goûtées à sa première messe, son âme généreuse, rivalisant avec son Dieu, avait demandé des croix. Il fut exaucé, sa vie en fut semée; et si, considérées de près, ces épreuves ne dépassent pas la mesure ordinaire, néanmoins on peut dire que, vu la sensibilité excessive du P. Courtès, elles durent revêtir un caractère douloureux plus marqué.

XII

Nous avons longuement emprunté au journal du supérieur de la Mission. Si ces citations ont arrêté le récit succinct de sa vie, elles auront eu pour avantage de mieux le faire connaître, en nous mettant en rapport avec ses pensées intimes de chaque jour. Du reste, le P. Courtès n'écrivait que pour lui, et son esprit ne nourrissait à l'égard de ses écrits aucune pensée ultérieure de publicité. La seconde partie de cette notice sera un recueil des pensées les plus saillantes.

Il nous reste à parler de sa dernière maladie et de sa mort. Le nécrologe de la congrégation des Oblats a tout dit sur ce point; c'est à lui que nous emprunterons les détails. On y voit quelles vertus la souffrance donna au malade l'occasion de pratiquer, quels sentiments de foi l'animèrent. Si parfois une impatience légère provoquée par la dévorante lenteur du mal venait troubler la sérénité du bon Père et contrister ses infirmiers, il ne tardait pas à s'humilier et à retrouver la paix. Ceux qui ont été témoins de sa maladie rapportent que parfois le malade cherchait par des plaisanteries à créer en lui une gaieté qui ne lui était pas naturelle, et à réparer ainsi ses brusqueries involontaires. Pendant cette longue agonie, la ville entière lui donna des marques de sympathie et d'estime. Nous connaissons des magistrats, des messieurs haut placés qui briguaient l'honneur de le soigner et de le veiller. Deux visites le consolèrent beaucoup dans ces douloureux moments : celle du T. R. P. Fabre, supérieur général de la Congrégation, et celle de Mgr Guibert, archevêque de Tours, son fidèle ami, de la main de qui il reçut le saint Viatique. C'est le 28 janvier 1863 qu'il reçut la visite de son supérieur. Il se montra profondément ému, et voulut, malgré son état déjà pénible, assister à la réunion de la communauté. Le 17 février, jour anniversaire de l'approbation des Règles par Léon XII, il eut le courage de quitter sa chambre pour se rendre à la chapelle, où il adressa à ses Pères, suivant l'usage, une allocution pleine de piété.

Un Père d'Aix écrivait, à la date du 3 mars : « Le 2 mars, l'état de notre R. P. Supérieur s'étant aggravé, il exprima le désir de recevoir les derniers sacrements. Le lendemain matin à dix heures, les Pères et les Frères de la communauté se sont réunis pour accompagner processionnellement le saint viatique à l'appartement du malade. Le R. P. Provincial étant trop souffrant pour présider la cérémonie, c'est le P. Chardin qui en a été chargé... Au moment de la communion, lorsque le

P. Chardin s'est avancé avec la sainte hostie, le P. Supérieur, prenant une seconde fois la parole, a exprimé la foi la plus vive et l'amour le plus ardent envers la divine Eucharistie, *voulant que cette communion pût servir de réparation pour toutes celles qui n'avaient pas été accompagnées de piété et de ferveur.* La présence de Notre-Seigneur Jésus-Christ lui inspira les expressions les plus touchantes, et il nous adressa à tous la pressante invitation d'apprécier toujours davantage le bonheur si fréquent de participer aux adorables mystères de l'autel. Il a terminé par cette belle prière de saint Thomas : *Adoro te*, qu'il a récitée en entier..... »

A la nouvelle de l'aggravation de l'état du malade, le supérieur général, ne pouvant lui-même venir le consoler une seconde fois, envoya à Aix, pour le remplacer, le R. P. Tempier, cet autre fidèle ami du P. Courtès et le doyen de la Société. Quelques jours après le P. Courtès remerciait en ces termes le T.-R. P. Fabre de cette marque d'affection :

Aix, le 16 mars 1863.

« Mon très-révérend et bien-aimé Père,

« C'est un peu un *revenant* qui vous écrit ; mais je sais que vous n'en avez pas peur. Je puis donc être tranquille moi-même. Vous n'ignorez rien de ce qui s'est passé : votre sollicitude en m'envoyant mon vieil ami et collègue l'aimable, le bon P. Tempier, m'a tout dit... J'ai reçu les derniers sacrements avec beaucoup de consolation. Le bon Dieu a été même *un petit peu gâteur*, et j'ai senti que c'était le même qui souvent avait réjoui ma jeunesse. Maintenant nous sommes presque prêt... Que j'ai été édifié et touché des sentiments et de l'attitude de ces bons Pères et Frères! Ah! qu'il est vrai que l'on est heureux de vivre et de mourir en communauté!

« Saint Joseph est là qui arrive, c'est le messager du Ciel; faut-il lui demander qu'il m'enlève et me mette à la place dont je ne suis pas digne et qui est pourtant la place finale? Je m'abandonne à lui pour ce qui me concerne. C'est différent pour vous, bien-aimé Père! Que ce Patron de la congrégation, qui est aussi le vôtre, vous conserve...

«Veuillez me bénir, et agréer, bien-aimé Père, les sentiments d'un de vos fils les plus respectueux et les plus affectionnés.

« Courtès, O. M. I. »

XIII

La maladie du P. Courtès devait cependant se prolonger. Nous continuons à citer le nécrologe :

« Après la cérémonie du 2 mars, il y eut suspension dans la marche de la maladie, et, pour ainsi dire, un retour passager de forces. Il voulut en profiter le jour de saint Joseph pour célébrer le saint sacrifice. Il fallut sans doute que son amour envers le sacrement de nos autels lui communiquât une énergie spéciale, pour qu'il pût demeurer debout pendant le temps exigé. C'est la dernière fois qu'il a célébré les divins mystères. Depuis ce jour, il dut se contenter de recevoir de temps en temps la sainte communion. C'était dans les visites de l'adorable Eucharistie qu'il puisait le courage dont il avait besoin pour supporter ses souffrances, qui allaient toujours en augmentant.

« Au mois de mai, ayant reçu la visite de Mgr Guibert, son ami si dévoué, il en éprouva une grande consolation. Il reçut de la main du prélat le saint viatique. Ce fut une cérémonie bien émouvante. Le divin Maître semblait venir cimenter lui-même cette amitié si constante et si étroite. » Un Père écrivait, à la date du 15 mai : « Samedi 9 mai, Mgr Guibert nous est arrivé. Nous avons eu le bonheur de posséder au milieu de nous ce vénérable prélat, ce bon père, jusqu'à hier matin : il venait apporter les consolations de l'amitié la plus pure et la plus religieuse à un ami, à un frère qui se meurt. Je voudrais vous dire les scènes délicieuses dont il nous a été donné d'être les témoins pendant ces quelques jours. Je ne les oublierai jamais... Cette visite, si ardemment désirée, n'a pas produit physiquement l'effet que nous en espérions; mais, surnaturellement, elle aura fait, j'en suis sûr, un très grand bien à notre vénéré malade. Ses dispositions sont plus pieuses que jamais. Il se prépare à la mort, il s'y attend et il envisage son trépas avec une sorte de joie. Il lui tarde de sortir de cette prison pour aller voir Dieu. *Mihi vivere Christus est, et mori lucrum... Christo confixus sum cruci... Ego sum vermis et non homo...* « Mon Dieu! faites-moi miséricorde! » telles sont les paroles qui sont le plus souvent sur ses lèvres, et qui nourrissent en lui le courage qui lui est nécessaire au milieu de ses angoisses. »

L'excès de la souffrance n'empêchait pas le malade de suivre le cours de ses études ordinaires : non pas qu'il lui fût possible de lire ou d'écrire; mais dans les intervalles de ses prières il continuait, comme par le passé, à réfléchir sur des sujets sérieux, et plus d'une fois il dicta plusieurs pages de journal sur des thèses philosophiques ou théologiques. Il priait aussi beaucoup, soit d'une manière vocale, soit par des oraisons jaculatoires. La prière le consolait et était un baume pour ses souffrances. Le goût de la prière lui était naturel; son journal renferme quelques sentences sur ce pieux sujet.

Le jour de sa mort, le P. Courtès reçut encore le viatique. Il ne l'avait pas demandé; mais lorsqu'on le lui proposa, il répondit : *Très-volontiers, si c'est le moment*... Le jour de l'Ascension, il s'écriait avec une joie toute divine : « *Donnez-moi le paradis, donnez-moi le paradis.* » Il s'éteignit doucement au milieu de ses frères qu'il bénit et exhorta une dernière fois, le 3 juin 1863, à midi et demi, à l'âge de soixante-cinq ans.

Les funérailles du P. Courtès, suivies par un nombreux concours, furent honorées de la présence de Mgr Chalandon, archevêque d'Aix. Le prélat prononça, dans l'église de la Mission, une allocution touchante, qui fut un résumé de la vie du défunt et l'expression des regrets de tous. C'était l'*ami* pleurant son *ami*, le *père* donnant cours à sa douleur, le *pasteur* déplorant la perte d'un de ses plus dignes et plus saints coopérateurs.

Nous regrettons que les préoccupations du moment n'aient pas laissé à quelque plume habile la liberté de recueillir les accents d'une parole si auguste.

Le P. Courtès fut inhumé dans le caveau de la chapelle funéraire élevée par Mgr de Mazenod aux défunts de sa double famille : celle de la parenté et celle de la religion.

XIV

M. Tavernier père, un des premiers avocats du barreau d'Aix, ami intime du P. Courtès, consacra à sa mémoire, dans le journal *l'Écho des Bouches-du-Rhône*, un article qui trouve ici naturellement sa place. Cette nécrologie, écrite avec une grande distinction de style et de pensées, est un portrait saisissant du P. Courtès. Nous ne pouvons mieux terminer cette courte étude qu'en insérant, en forme d'appendice, cette belle page de littérature et d'histoire :

« L'Église d'Aix vient de faire une grande perte. Le R. P. Courtès, supérieur des Oblats de Marie, est décédé le mercredi 3 juin, après une longue et cruelle maladie. Une bouche vénérée, celle du premier pasteur de ce diocèse, a prononcé dans l'église de la Mission, au moment de ses obsèques, vendredi 5 juin, une allocution touchante qui a peint sous les couleurs les plus exactes et les plus vraies l'homme éminent qui était l'objet des regrets de tous. Nous devrions nous taire, en laissant la mémoire du défunt honorée par une parole revêtue d'une pareille autorité. Mais l'amitié nous presse de jeter un dernier regard sur cette tombe à peine fermée, et nous nous reprocherions un silence qui ressemblerait à de l'oubli. Il y avait dans le R. P. Courtès trois côtés qui méritent de fixer le souvenir de ceux qui lui ont survécu : le religieux, l'homme et l'ami. Comme prêtre et comme religieux, on ne connaîtra jamais tout ce que sa vertu a eu de pur, d'éclat et de vie. Son plus grand soin a toujours été de la cacher, de l'amoindrir et de la dérober aux autres. Depuis ses jeunes ans jusqu'à la fin de sa carrière, elle a grandi cependant sous l'œil de Dieu et s'est trahie au dehors par les sacrifices constants qu'elle lui a imposés. Son ministère l'a rapproché de tous, des grands, des petits, des malheureux, des coupables frappés par la justice humaine. Pour tous son âme a trouvé des conseils et des leçons ; à tous il a su donner la force : à ceux-ci, de soutenir et de supporter le poids de la vie ; à ceux-là, de l'offrir en expiation. Fils, en religion, d'un grand évêque qui l'a associé à son œuvre, il a travaillé avec constance et honneur pendant quarante années. C'est dans nos murs surtout que son action s'est fait sentir ; c'est là qu'elle s'est exercée. Doux, prudent, éclairé, ce qu'il a entrepris a toujours réussi. Des fruits efficaces suivaient sa parole, ses conseils et ses actes. Les cœurs lui étaient acquis ; il subjuguait les esprits par la rectitude du sien. Durant sa longue maladie, sa vertu a brillé d'un plus vif éclat encore. Quand l'homme mourait en lui, son âme gardait ses grandes proportions. Il a vu arriver sa fin ; il s'est entretenu de ce qui devait la suivre avec la paix du voyageur qui va rentrer dans sa patrie. A chacune des cérémonies religieuses qui ont précédé sa mort, il a toujours trouvé des paroles enflammées pour peindre sa foi, des traits pleins de douceur pour parler de ses frères et de ses amis, et l'accent le plus tendre envers le Dieu qui le visitait dans ses souffrances. Sa vie et sa mort s'unissent et se confondent dans une teinte uniforme et pure; aussi saintes l'une que l'autre, on ne sait ce qu'il faut le plus admirer en lui de la première ou de la seconde. Toutes les deux brillent sur sa tombe pour commander le respect, exciter l'admiration et accroître les regrets qu'il laisse après lui.

« Mais si le prêtre et le religieux ont été remarquables, l'homme ne l'a pas été moins. Les dons heureux de l'intelligence qu'il reçut du Ciel, il les féconda par l'étude, il les accrut par la méditation. Son esprit comprenait tout; il était à la hauteur de toutes les questions; dans le cours de sa carrière, il a touché à toutes celles que son époque agitée a vu surgir. Philosophie, controverses religieuses, systèmes politiques, il se plaisait à tout scruter. C'est dans une région élevée et sereine qu'il se plaçait pour apprécier les derniers. En dehors des passions et des intérêts du moment, il jugeait tout à la lumière des principes. Désintéressé dans les solutions, il n'en avait que plus de force et de pénétration. Improvisateur habile, il savait saisir sa pensée au passage, la revêtir de couleurs vives et pénétrantes, et l'exprimer en traits heureux. Il lui a manqué, pour être et devenir orateur, une nature physique plus forte, une constitution organique plus puissante. Chez lui, les deux forces qui font l'orateur n'ont pas eu leur équilibre parfait. Quelque élevé que fût le vol de sa pensée, quelque profondeur qu'elle pût avoir, quelque vives que fussent ses intuitions dans les choses de la foi, ses efforts étaient trahis par une organisation faible et débile qu'il apporta en naissant, et qu'il a gardée jusqu'à la mort. Ami des lettres, il les cultiva dans sa jeunesse, et les souvenirs classiques se mêlèrent à tous ses travaux.

« En amitié, le R. P. Courtès fut une nature d'élite. Il en comprit toutes les délicatesses et toutes les exigences. Ceux qui ont vécu dans son intimité peuvent le dire. Il s'oubliait, acceptait pour lui le fardeau destiné aux autres, et se trouvait heureux au moins de l'alléger. Il partageait aussi les joies de ses amis; il savait s'y associer. Placé lui-même en dehors des agitations de la vie et du mouvement qui entraîne, il descendait par la pensée vers ce monde qui n'était pas le sien ; mais il ne communiquait avec lui que pour condescendre à l'amitié et en remplir les devoirs. Heureuse et douce nature ! elle sut beaucoup compatir, elle sut beaucoup consoler.

« La cité tout entière a ressenti de cette mort un contre-coup qui ne s'effacera pas de longtemps. Un grand vide vient de se faire parmi nous. Chacun le dit, chacun le répète. C'est le plus bel éloge que l'on puisse inscrire sur la tombe de celui que nous pleurons. »

Ces nobles paroles sont presque une oraison funèbre.

SECONDE PARTIE

SECONDE PARTIE

Le R. P. Courtès était, avons-nous dit, une âme humble, aimant la solitude, la prière et les livres. Jamais il n'eut pour sa renommée ces soins exigeants et ombrageux dont plusieurs font la grande affaire de leur vie. Très-instruit, il ne faisait pas vaine parade de son savoir, et il attendait que l'amitié ou l'inexpérience sollicitât de lui quelque lumière. On aurait pu lui appliquer une des devises chéries du cardinal Giraud : *Dieu, les Lettres et l'amitié.* Ses relations avec Dieu, comme prêtre et religieux, étaient le charme de sa vie, et il y apportait toute la rigoureuse exactitude de la foi. Rentré dans sa cellule il feuilletait des livres et enrichissait son intelligence de trésors. Il se contentait d'ordinaire de disserter sur les questions importantes de la religion, avec un art et une précision qui étonnaient son entourage; mais jamais il ne parut désireux d'écrire une œuvre qui eût pu ajouter à l'estime dont il était honoré. Son enseignement se faisait, pour ainsi dire, à domicile; quand un ami franchissait le seuil de sa cellule, il le surprenait au milieu de ses livres jetés sans ordre sur sa table. Le religieux, interrompant ses recherches, en résumait aussitôt pour l'instruction du visiteur l'enseignement et la valeur. Celui-ci écoutait, questionnait, recevait une réponse lucide et parfois décisive, et emportait, au sortir de l'entrevue, avec des préjugés de moins, des connaissances religieuses et sociales plus exactes.

Le journal du R. P. Courtès est son œuvre intellectuelle la plus complète. Ce qu'il a pu écrire d'autre part n'est pas assez considérable pour constituer un corps de doctrine, et, du reste, ces quelques travaux, comme sermons ou dissertations, ne sont pas arrivés jusqu'à nous. Le journal, au contraire, bien que n'affectant aucun ordre logique, est le résumé fidèle des réflexions de chaque jour, et, par conséquent, il renferme dans des pages écrites au courant de la plume l'expression la plus claire et la plus vraie des pensées familières à l'esprit de son auteur. Nous ajoutons donc, dans cette seconde partie, aux emprunts déjà faits qui, dans la biographie, avaient simplement pour but d'initier le lecteur aux méthodes du R. P. Courtès. Nous apportons ici quelques épis choisis dans la moisson d'une vie d'étude. Qu'on le remarque bien, ce ne sont point des thèses, mais des pensées éparses que nous avons recueillies et condensées, sans prétendre leur donner une suite que l'auteur ne cherchait pas lui-même, puisqu'il jetait ses réflexions sur le papier à l'heure même où elles se formaient dans son esprit. On ne rencontrera dans ce travail ni l'inflexible argumentation d'une démonstration en règle, ni la grandeur majestueuse d'un traité ; mais partout on sera, dans ce parterre de pensées choisies, en compagnie d'une âme poétique et méditative, s'exerçant avec un grand bonheur et un sens d'observation très-délicat sur les questions les plus intéressantes de la piété et de la foi.

Nous donnons donc ces pensées dans leur noble simplicité. Il y en a qui ne dépassent pas la mesure ordinaire; d'autres, en plus grand nombre, ont un véritable cachet de supériorité, et quelques-unes enfin, comme ces traînées de feu qui traversent rapidement l'espace pour s'éteindre aussitôt, brillent d'un vif éclat qui laisse aux yeux de l'intelligence toutes les joies de la lumière.

I

LA PRIÈRE.

De même que la maladie du corps fait paraître comme revêtues de deuil les merveilles de la nature, les infirmités de l'âme font voir aussi sous un jour faux toutes les merveilles du christianisme. Si on ne prie pas, le cœur se dessèche, et on perd la vie de la grâce à la première occasion redoutable. Quel profond sujet d'humilité et de douleur qu'une telle condition ! Elle est universelle, l'âge n'y fait rien, le tentateur ne distingue pas. Je vous demande de rétablir dans vos familles la lecture spirituelle et la prière du soir. Si vous faites cela, vous ferez plus, pour votre part, que toutes les institutions et les machinations politiques pour rasseoir notre pays.

La théorie la plus simple est donc le fait universel de la prière. Chaque jour, et plusieurs fois par jour, des millions de bouches disent : *O mon Dieu, secourez-moi !* Cette invocation est la preuve la plus sensible de l'existence du créateur invisible agissant, et en relation avec les âmes qui l'implorent.

Ce qu'un Juif célèbre disait en revenant de l'extase qui l'avait converti : *Il a bien prié pour moi*, combien peuvent le dire, en voyant le changement que des prières ferventes adressées à Dieu par des âmes pures et pénitentes ont amené !

Il faut beaucoup prier. La prière est bien agréable à Dieu, bien que quelquefois on n'en comprenne pas la raison. C'est apparemment parce qu'on y pratique la foi et l'amour ; car si l'on prie bien, et souvent, on croit et on aime bien.

L'Esprit-Saint est la lumière ; c'est lui qui devient le jour qui pénètre dans la chambre obscure de notre âme pour l'éclairer ; c'est l'Esprit-Saint qui donne aux sens un goût divin pour tout ce qui tient au dogme, aux vérités pratiques, à l'âme, jusque-là pétrifiée pour les choses du ciel. Il faut donc nous retirer dans notre cœur pour aimer et pour prier ; là, nous entendrons la voix de Dieu, et, sous cette inspiration, nos actes seront plus saints, notre influence sur nos frères sera plus décisive.

II

IMMORTALITÉ DE L'AME.

Jetez les yeux sur le cadavre d'un homme ; vous sentez que ce n'est pas là tout l'homme, et que la meilleure partie de lui-même est ailleurs. Regardez en même temps le corps d'un animal ; vous n'éprouvez aucun sentiment pénible, vous ne pensez à rien de ce qui n'est pas sous vos yeux. Non, l'homme n'est pas là tout entier dans son cadavre, lui qui a formé tant de projets, qui a eu tant de désirs ; le désir de l'immortalité ne sera pas vain.

Admirez la distinction de l'âme et du corps ; admirez l'effet de la parole sur les êtres doués de la raison. J'ai vu des hommes en fureur, leur sang bouillonnait, l'exaltation croissait sans cesse, et une crise était inévitable. Qu'est-ce donc qui produisait ces effets singuliers ? C'était la parole, une parole incisive, une parole dure, quoique juste. Mais celui qui parlait ne voulait pas jeter dans le dernier excès de douleur. Tout à coup il adoucit son ton ; on paraît ne s'être fâché que pour un bon motif ; on console, on encourage ; on s'étonne de la faute qui a été commise par ceux que leur âge, leurs vertus, leurs habitudes de réflexion auraient dû préserver ; l'eau que vous jetez sur le feu pour l'éteindre a moins d'effet que ces paroles pour pacifier et dissiper l'orage que l'on avait fait naître volontairement. Non, elle n'est pas de la même nature que le corps cette substance qu'un mot émeut, et qui tourmente à son tour le corps de la manière la plus violente.

Voulez-vous que je regarde comme la fin de l'homme ce qu'il doit quitter, ce qu'il n'est pas en son pouvoir de garder? C'est dans la tempête, quand il voit tout perdu ; c'est au moment de la mort d'un ami, d'un proche, qu'on éprouve ces sentiments, et que je les étudie comme un signe de vérité. On dit à un homme : « Mon ami, préparez-vous. — Comment! déjà? » Sa main tremble, ses lèvres expirantes indiquent qu'il voudrait et qu'il ne peut parler; le remords l'a atteint; il n'est pas créé pour mourir tout entier (1).

Peut-on douter de l'immortalité de

(1) Le poëte a dit : *Non omnis moriar :* Je ne mourrai pas tout entier.

l'âme quand on pense qu'il n'y a pas d'effet sans cause, et que la pensée doit venir d'un principe spirituel, que les peuples rattachent à l'immortalité? Leur respect pour les morts l'indique suffisamment ; les bons comme les méchants le croient.

Une certaine philosophie doute que l'âme soit immortelle; la religion, au contraire, l'affirme. La mort de l'homme de bien qui croit, peu différente de celle de celui qui ne croit pas, est une preuve de l'immortalité. Un peu plus ou un peu moins de grimaces dans ce dernier moment, serait-ce l'unique récompense ou l'unique châtiment de ces créatures si opposées de sentiments et de conduite? On ne peut s'arrêter à cette idée, tant qu'il y aura la foi en Dieu.

L'immortalité est le pivot sur lequel

roule la moralité humaine ; c'est la base de la vertu la plus pure et la plus parfaite. L'idée de l'immortalité est entrée dans nos mœurs. Dieu aime l'ordre; mais cet ordre n'existe pas dans le monde moral. On a le sentiment de l'infini, on ne respire que pour l'infini ; on a horreur de la mort ; toute la nature a horreur de l'anéantissement ; elle semble dire que ce n'est pas assez, ni pour le bien, ni pour le mal.

Qui ne connaît les moments de détresse où la vie est à charge, où l'on en ferait bon marché, où l'on serait tenté d'envier le sort et la condition des êtres d'un jour qui n'ont point d'avenir, parce que l'avenir pèse, désoriente? Eh bien ! c'est la situation qui annonce le plus que la vie est un dépôt, une charge, une obligation d'en rendre compte. C'est ce qui prouve et Dieu et l'immortalité.

Rien n'est dénoué ici-bas ; les maux externes indiquent qu'ils ne sont que passagers ; que c'est de l'usage bon ou mauvais que l'on en fera, que c'est de la résistance, de la lutte contre le désespoir, contre le blasphème, et de l'acceptation de l'existence selon le bon plaisir de Celui qui l'a donnée, que dépend notre mérite auprès du souverain juge.

Les soins des mourants n'ont pour objet que la vie à venir. En vain quelques-uns doutent ; qu'est-ce que le doute de quelques-uns devant l'immense majorité du genre humain s'attendant à être jugée après la mort, et implorant miséricorde auprès du souverain juge? Quand il n'y aurait que le désir d'une autre vie, ce serait un argument formidable en sa faveur. Le doute lui-même est favorable à la vérité de la survivance de l'âme.

Comment ne pas se sentir immortel quand on entend le Christ, en mourant, dire : *In manus tuas*, etc. ?

Lieux sacrés où l'amour pour les seuls biens de l'âme fait tant souffrir, j'ai senti, en vous interrogeant, que sa flamme ne peut périr, qu'à chaque être d'un jour qui mourut pour défendre la vérité, l'Être éternel et vrai, pour prix du temps, doit rendre l'éternité (1).

(1) Qui ne retrouve dans cette belle réflexion la dévotion familière du P. Courtès, et une de ses études les plus chères : le purgatoire ?

III

LE SURNATUREL.

Il y a deux ordres : l'ordre naturel et l'ordre surnaturel ; il y a deux amours de Dieu, l'un naturel, l'autre surnaturel ; l'un de Dieu connu par la nature, l'autre de Dieu auteur de la grâce et de la gloire. Mais depuis le péché les moyens d'aimer Dieu naturellement sont bien faibles, Dieu le permettant ainsi pour que ce fait serve à faire reconnaître la chute et la nécessité de se réfugier dans la religion du Rédempteur.

Le surnaturel n'est pas opposé au naturel. La science naturelle requise ici-bas dans l'homme sera perfectionnée dans le ciel.

Le surnaturel plane sur les actions naturelles. Naturellement, est-ce que la pensée de Dieu, de sa providence qui voit, qui protége et qui juge, ne domine pas nos actions, nos pas? La religion, dans ses sacrements qui ont une vertu qui ne se voit pas, mais qui est sensiblement figurée, fait comme cela. Il suffit que le surnaturel soit possible pour donner à réfléchir aux adversaires de la religion révélée. Mais la possibilité du surnaturel réduite en acte fait un argument bien autrement fort et décisif. Le surnaturel, c'est la foi en l'invisible et à l'incompréhensible, c'est la résistance aux instincts naturels, et l'action en vue de Dieu, de l'avenir et des récompenses en dehors de ce monde.

Où le surnaturel paraît bien, c'est dans la contrition. Quels accents comparables à ceux de David, de Madeleine, de Pierre, et de tant d'autres!

Qu'est-ce donc que l'ordre surnaturel? C'est celui où l'homme est appelé à connaître Dieu, non-seulement par quelques rayons échappés de son infinie lumière et par l'intermédiaire de la créature, mais à le connaître en lui-même. Il sera appelé à le voir non-seulement dans quelques idées éternelles et dans quelques lois nécessaires, non-seulement dans le miroir de la création, mais dans son essence. Il sera appelé à contempler directement et face à face l'essence, la substance divine, à voir Dieu dans ses relations avec les créatures, dans ses relations personnelles en sa vie intime, tel qu'il est en lui-même. Il sera appelé, non-seulement à l'honorer, à lui obéir, à l'aimer, mais encore à le posséder cœur à cœur, et comme par un contact substantiel. Il sera appelé à jouir non-seulement de ses dons, mais de lui-même. Il participera aux perfections divines, à la vie, à la félicité de Dieu lui-même, à son éternité, à son immutabilité, à sa puissance, à sa richesse, à sa lumière, à sa science, à sa sagesse, à son amour, à ses joies indicibles, à sa souveraineté ; et en possédant Dieu il possèdera la création tout entière. Les livres saints ne craignent pas de dire que l'homme sera associé à la nature divine ; qu'il deviendra semblable à Dieu, parce qu'il le verra tel qu'il est et que Dieu sera tout en tous.

Depuis la chute d'Adam un grand combat existe entre la matière et l'esprit ; le désordre consiste surtout en ce que l'esprit est le plus faible. La grâce du Rédempteur donne des forces à l'esprit. Recourons donc à ces sources pures, afin que l'âme, munie d'une grâce surnaturelle, s'élève dans les régions supérieures, qu'elle s'attache à la contemplation de la vérité, et de là dans la possession du bonheur. Opposons à l'orgueil, l'humilité ; à la sensualité, la mortification, etc. L'amour et la pratique du bien avec exclusion de l'orgueil, voilà le triomphe de la grâce. Ce n'est pas tout de dire : il faut être dévoué, sobre, résigné ; Il faut encore donner la force d'être tout cela sans orgueil. La nature humaine a l'idée de la vertu et de sa pratique à l'extérieur ; elle n'a pas la force de la pratiquer comme il faut. Les vertus humaines sont assez pour que le monde moral subsiste, et pas assez pour avoir du mérite devant Dieu. Les vertus des saints montrent la puissance de la grâce, et font la gloire de la religion.

L'homme a été créé dans un état surnaturel ; ce que la foi prouve, et ce que la perfectibilité de l'homme, ainsi que la tradition, annonce : il est déchu, ce qui prouve *idem ;* il est ramené par la rédemption au surnaturel, ce qui prouve combien est coupable l'homme qui néglige un bien si précieux. Il faut opter, si l'on ne veut pas du surnaturel, pour une misère immense, et pour un état naturel dont l'*exploitation* ne mène à rien de bon, parce qu'elle est contraire aux desseins et à l'ordre de la Providence.

IV

LA RAISON ET LA FOI.

On a très-exalté la puissance de la raison ; les faits nous montrent, cependant, qu'elle n'est qu'un instrument pour conduire l'homme à la première connaissance de la vérité, et qu'elle s'évanouit lorsqu'elle veut monter seule sans guide dans les hauteurs de la foi. Un point bien essentiel à établir est que la raison ne fonctionne raisonnablement qu'autant que certaines conditions sont remplies; cela explique les faux jugements, les erreurs ; car, combien de personnes qui jugent sans instruction suffisante ! combien surtout qui ont intérêt, à cause des passions, à juger mal des questions religieuses ! mais le sublime du triomphe de la religion, c'est que la raison *bien conditionnée* est favorable à la divinité de notre foi (1).

Les rationalistes allemands ont maltraité le Dieu de l'Évangile, comme les rationalistes français, le Dieu de la création. Les uns sont fous et pervers comme les autres.

Saint Augustin compare les lumières naturelles au crépuscule, et la foi au grand jour. Cette appréciation de la rai-

(1) « Il y a aujourd'hui parmi nous, dit le P. Gratry (*Petit Manuel de critique*), une école sophistique qui est dans l'ordre intellectuel une monstruosité proprement dite... Cet étrange état mental constitue, parmi nous, la forme actuelle de l'erreur. »

son en exercice est parfaitement juste et devrait contenter les rationalistes. Ils ne peuvent pas dire qu'ils y voient très-clair ; nous disons, nous, que la foi nous éclaire grandement sur les mêmes vérités que les rationalistes les plus éclairés connaissent à peine. Pour refuser de venir à nous, il faudrait que nous n'eussions aucun titre à produire ; ce qui n'est pas assurément. Le mot de Bossuet : *Se croient-ils plus forts, parce qu'ils ont succombé aux difficultés?* est bien instructif.

La raison, dans le sens chrétien, est cette faculté sublime qui a pour objet de mettre l'esprit de l'homme en rapport avec le Verbe divin, afin qu'il puisse en saisir les ineffables caractères, et en déduire toutes les applications pratiques pour le perfectionnement intellectuel et moral de l'homme et de la société. Mais en proclamant que la raison, indépendamment de la foi, a sa valeur propre qui lui vient de Dieu créateur et illuminateur, il ne faut pas perdre de vue cet autre fait, que notre raison se trouve en partie obscurcie par les suites du péché originel.

Nous ne devons pas manquer d'annoncer au philosophe qui se dispose à embrasser la foi, que le bienfait de cette foi s'exercera jusque sur la raison, dont elle viendra réparer les ruines, étayer les côtés faibles, compléter et perfectionner les forces naturelles. En rappelant cette vérité, que la raison précède la foi dans l'infidèle qui prépare sa conversion, il faut ajouter qu'il n'en est pas ainsi chez l'enfant que l'on baptise avant le réveil de l'intelligence; que chez cet enfant, la foi infusée en l'âme par le baptême précède la raison, et qu'il ne sera pas libre, à l'âge d'adulte, de renoncer à cette foi qui a pris possession de lui et l'a si heureusement élevé à l'ordre surnaturel. En laissant au philosophe qui prépare son entrée dans l'Église le libre exercice du procédé rationnel, connu sous le nom de doute méthodique, il est indispensable de lui rappeler que ce doute ne pourra jamais s'exercer sur l'ensemble ni le détail des vérités transmises par la foi, à l'égard desquelles l'esprit ne peut suspendre un seul instant sa pleine et ferme adhésion sans retomber pour le moment dans l'infidélité, qui est le plus grand des péchés pour le chrétien. En relevant, comme il est juste, l'harmonie parfaite de la foi et de la raison, qui, procédant d'un même auteur, ne peuvent jamais être en contradiction essentielle, on devra ajouter que la certitude de la foi dépasse intrinsèquement celle de la raison ; que la foi est reine, tandis que la raison, en présence de la foi, n'est que servante docile et soumise. En promettant au philosophe qui s'avance vers l'Église l'intelligence des dons naturels et surnaturels, et une effusion de lumières surnaturelles supérieure à tout ce que la raison de tous les âges réunis pourrait jamais atteindre, il sera nécessaire d'ajouter que cette illumination est postérieure à l'adhésion totale de la raison à la foi ; en un mot, qu'il faut déjà être enfant de l'Église pour en jouir.

Il faut faire remarquer au philosophe séparé que s'il est aujourd'hui à même de mettre en avant de nobles théories sur l'essence divine, sur le vrai et le devoir, c'est qu'il les trouve toutes préparées, résumées dans les livres des docteurs chrétiens qui les ont transformées dans la plénitude de la lumière de la foi. Il est nécessaire de lui dire que, quand bien même il arriverait à répéter ainsi le Symbole chrétien en son entier, la lumière qu'il y puiserait ne le sauverait pas tant qu'il ne consentirait pas à s'incliner sous le joug de la foi, par laquelle seule les vérités doivent entrer dans l'intelligence, avec cette certitude surnaturelle que donne seule l'autorité de Dieu qui révèle. En déclarant que l'étude rationnelle chez l'adulte est le moyen par lequel se produit la certitude du fait de la révélation, on n'oubliera pas d'ajouter que la foi étant une vertu, regarde plus encore la volonté que l'intelligence (1); en sorte que pour croire d'une manière méritoire, la liberté ne doit pas être entraînée irrésistiblement, comme elle serait par l'évidence rationelle. En réunissant pour la conversion d'un philosophe tout cet ensemble merveilleux d'arguments empruntés aux faits de l'histoire, aux conditions de la nature humaine, à l'observation, à l'expérience, à l'analyse, à la synthèse, etc., il ne faut pas oublier non plus que toute démonstration demeure inefficace, tant que le philosophe n'a pas accompli, avec le secours de la grâce, l'acte d'humilité qui donne entrée à la foi dans son intelligence. En constatant les sublimes

(1) Subjectum verò habitûs qui simpliciter dicitur virtus, non potest esse nisi voluntas, vel aliqua potentia secundùm quod est à voluntate mota. (S. Thom., 1a 2æ, q. 56, art. 3.)

développements auxquels le génie, secondé par la foi, s'est élevé chez les docteurs chrétiens, saint Augustin, saint Anselme, saint Thomas, etc., on doit constater que dans ces puissantes intelligences l'acte de foi, qui élevait si haut leur génie, n'était pas d'une autre nature que celui qu'émet dans la simplicité de son cœur le plus humble fidèle dans l'Église.

Que l'on demande maintenant pourquoi les philosophes, entourés qu'ils sont de tant de secours qui pourraient aisément aboutir pour eux à la foi, ne se convertissent pas? La réponse est facile, la voici : C'est que personne ne croit à moins que préalablement il n'ait voulu croire (1). Cette loi fondamen-

(1) Pascal (*Pensées*) dit : « La volonté est un des principaux organes de la croyance. »

tale de l'initiation chrétienne est le niveau sous lequel il faut que tous passent, savants et ignorants. Dieu exige cet hommage ; sans quoi il ne communique pas la foi, ce précieux don sans lequel l'homme ne peut lui être agréable.

Nous avons dans l'Évangile l'analyse de l'acte de foi qui nous expliquera comment il se fait que tels et tels ne croient pas. C'est dans la guérison de l'aveugle-né (1). Cet homme procède avec la logique naturelle que Dieu a établie lui-même, comme une condition de l'intelligence de chacun de nous. *A sæculo non est auditum*, etc. On ne saurait mieux constater le fait divin et en analyser la portée ; cet aveugle est le mo-

(1) Joan., IX.

dèle de tous les convertis à la foi, quant aux conditions qui en précèdent l'acte formel. Il ne lui manque que de se voir intimer l'objet de sa foi. Une parole de lui va nous révéler le secret de la conversion à la foi chrétienne. Jésus le rencontre et lui dit : « Crois-tu au Fils de Dieu? — Qui est-il, Seigneur? répond l'aveugle, afin que je croie en lui. » Parole immortelle qui éclaire de ses rayons toute la doctrine chrétienne sur la foi. Celui-là est sûr de voir et de croire, qui dit à Dieu : « Seigneur, à qui faut-il que je croie? » Dieu n'a jamais manqué de répondre à cette prière, et si beaucoup s'agitent et n'arrivent pas au terme, c'est qu'ils n'ont pas l'abnégation de l'aveugle. Jésus donc lui répond : « C'est celui que tu vois. — Seigneur, je crois, » reprend l'aveugle; et, se prosternant, il l'adore. Y a-t-il rien de plus saisissant? N'assiste-t-on pas dans ce récit à la naissance, au développement et à la consommation de la foi dans l'âme humaine? Comme on s'y sent loin des illusions de ceux qui s'imaginent qu'ils pourront amener les philosophes à la foi, en raisonnant avec eux, en réfutant leurs erreurs! etc. Tous ces travaux sont utiles, nécessaires même, et peuvent servir de préparation ; mais sachez-le bien, votre philosophe n'arrivera à la conversion que le jour où, renonçant à lui-même, il dira à Dieu : « Seigneur, je suis prêt à tout devant votre souveraine vérité ; à quoi faut-il que je croie? »

Les spéculations des philosophes sont quelquefois ingénieuses; mais elles sont toujours bien faibles pour réprimer le cri des passions. L'orgueil, la concupiscence ont une éloquence plus forte que les paroles de Socrate et de Platon ; pour résister à l'entraînement des passions, il faut quelque chose de plus fort que le secours des paroles.

Celui qui, en voyant les merveilles de la nature physique, ne songe pas à Dieu, est assurément un ingrat, un incrédule. Les merveilles du monde moral rappellent encore plus vivement Dieu par les contraires ; car qu'un homme dompte ses passions, résiste à l'orgueil, à la vanité, à la sensualité, il est bien juste de remonter à Dieu pour le remercier de sa grâce. Quand, au contraire, un homme suit ses penchants, oublie Dieu, tant qu'il peut, en commettant le mal, il annonce encore mieux l'existence d'un être distinct de lui, créateur et juge qui rendra à chacun selon ses œuvres.

L'humanité est toujours la même; au XIXe siècle on voit le paganisme enseigné comme au temps de Platon, de Porphyre. Elle est donc bien impuissante cette raison sur laquelle on s'appuie ! Ah ! vraiment, Dieu veut qu'elle aille en compagnie de la foi, le premier flambeau des intelligences.

Un homme pénétré de foi fait une impression singulière sur ceux qui l'écoutent, ceci prouve en faveur de la foi.

La foi est un don qui peut se perdre. L'expérience le prouve, et la manière dont il se perd est une preuve que la foi est divine et un don du Ciel.

Pourquoi la foi a-t-elle des côtés obscurs? Évidemment, il n'entre pas dans les desseins de Dieu qu'elle soit claire sous toutes les faces; il lui faut un côté obscur ; sans cela elle n'aurait point de mérite. Aux objections que les impies présentent il faut opposer la croyance d'hommes qui les avaient approfondies et qui n'y ont pas succombé. La raison et la foi, ces deux antagonistes, pourraient pourtant vivre d'accord, les hommes de foi ne dédaignent pas le raisonnement ; ils soutiennent qu'une vérité révélée ne peut être attaquée victorieusement par la raison ; ils disent que la raison de Dieu est supérieure, qu'une fois qu'on est convaincu que Dieu a parlé, il faut se soumettre : quoi de plus raisonnable ?

En dehors de l'influence de la foi, l'homme moral se ressent de ce qu'il aurait été sans une doctrine surnaturelle. Les peines à venir ne sont pas plus incroyables que les peines présentes :

il y a tant de raisons pour qu'elles soient éternelles!

Des propositions qui paraissent quelquefois révoltantes ne le sont plus quand on a plus de lumières. Jadis l'idée d'un Dieu fait homme faisait peur; aujourd'hui que nous avons une idée plus nette de Dieu et de ses œuvres, nous trouvons conforme à la générosité de Dieu qu'il ait embrassé nos misères. L'existence des maux, sans la part que Dieu en a prise, serait un fait inconciliable avec l'idée de l'éternel amour lui-même.

Quand la raison fait la difficile, il faut lui opposer que la foi n'est pas claire dans son objet, mais seulement dans ses motifs.

La foi, dit saint Thomas, vient par la lumière infuse; mais, quant à sa détermination, elle vient de l'ouïe (1).

Il y a assez de lumières dans la religion pour qu'on ne craigne pas d'être dupe en croyant, et il y a assez de ténèbres pour qu'on ait le mérite de la foi.

Plutôt que d'être chrétiens, plutôt que de vivre de la vie que le Fils de Dieu nous a promise, il y en a qui préfèrent mourir dans les angoisses de l'obscurité.

M. Thiers disait que la religion était bien défendue. Quand on connaît les discours du P. Lacordaire, qui a rendu le christianisme accessible à la raison,

(1) Bossuet (*Sermon sur la soumission due à la parole de Dieu*) explique ainsi la même idée : « Le vieil homme a cinq sens; l'homme renouvelé n'a plus que l'ouïe... il lui est seulement permis d'écouter. »

et ceux du P. Félix, qui montre sa sainteté et son action civilisatrice, il faut non-seulement convenir de ce que dit M. Thiers, mais, de plus, se rendre à l'évidence, et laisser les *si*, les *mais*, les *car*, pour ne pas tomber dans le scepticisme ou sous le joug de l'autorité privée des hommes, qui n'a pas grande valeur à cause de ses contradictions, ni grande influence pour le bien, à cause de ses imperfections.

V

LA RELIGION.

Il n'y a que la religion catholique qui soutienne la discussion ; elle ne craint pas la lumière, elle laisse approcher ses adversaires, et leur dit : « Voyez, et touchez ; » elle raisonne et laisse une vaste carrière au raisonnement pour convaincre les esprits les plus opiniâtres.

Il est impossible de se passer de culte. Ce n'est que par ce moyen que l'on conserve des rapports avec Dieu : il est impossible que tout culte soit égal, surtout un Rédempteur étant venu. Comment lui serait-il indifférent qu'on le reconnût ou qu'on ne le reconnût pas, qu'on l'aimât ou qu'on le blasphémât?

La religion et la philosophie sont une seule et même chose; le christianisme lui-même n'est la plus grande des religions que parce qu'il est aussi la plus grande des philosophies.

La religion perfectionne tous les sentiments moraux ; c'est le progrès divin ;

elle sauve l'homme de l'orgueil, du désespoir.

Il n'y a que la religion du Christ qui pardonne les offenses; les autres permettent la vengeance : ce fait seul prouve sa divinité.

Quand des esprits caustiques reprochent à la religion les vices de beaucoup de chrétiens qu'ils mettent en opposition avec les vertus de quelques païens, ils oublient qu'on ne remarque les vertus que chez les peuples vicieux, et les vices que chez les peuples vertueux.

Il faut que la religion reconnaisse que la nature peut quelque chose dans l'ordre moral; mais la nature doit avouer aussi que la religion peut accomplir ce qui est bon, et bien mieux.

Elle est magnifique et divine la religion qui, dans ses motifs extrinsèques, a tout ce qu'il faut pour que la foi de la foule soit raisonnable, et qui, pour les esprits observateurs, a tant de marques divines dans ses dogmes, dans ses règles de foi, dans ses mystères, dans ses remèdes pour l'esprit, pour le cœur; dans ses sacrements, ses livres canoniques, ses livres ascétiques, etc.

O religion du Christ, que tu es divine; puisque tu approuves et conserves tout ce qu'il y a de bon dans l'homme moralement parlant, et que tu condamnes, tu tends à détruire tout ce qu'il y a de mauvais et que, de plus, tu donnes à l'homme une sainte liberté qui le rend éminemment supérieur à toute qualité ou perfection morale naturelle; et qu'enfin tu le disposes par tes grâces à la pratique des vertus surnaturelles, à un état de choses pour l'avenir, pour lequel il se sent un attrait invincible !

Il faut à une religion révélée, surnaturelle, des preuves à la portée de tout le monde. La religion catholique a de ces sortes de preuves : par exemple, qu'elle soit attaquée avec fureur ; qu'elle résiste à toutes les causes de ruine qui viennent de ses ennemis du dehors et du dedans ; qu'elle soit défendue par la science contre les prétendus savants ; que, dans ses faits, elle soit soutenue par des témoins qui se font égorger ; qu'elle ait constamment dans son sein des âmes pures arrivant à l'héroïsme de la sainteté ; que, de temps à autre, il s'opère dans son sein et par ses prières des guérisons subites ; qu'il y ait des gens perclus qui reprennent l'usage de leurs membres ; qu'il y ait des malades radicalement guéris à la suite d'une neuvaine de prières : voilà tout autant de preuves à l'adresse des grands et des petits, propres à confirmer dans la foi et à inspirer la foi.

La religion ayant contre elle les indifférents et les libertins doit être la vérité ; car le propre de la vérité est de soulever les passions.

Il faut compter avec une religion qui a dans les rangs de ses défenseurs des hommes comme ses saints docteurs et ses apologistes, saint Augustin, saint Grégoire, Tertullien, Origène, Bossuet, Fénelon, etc.; avec une religion qui apprend à bien vivre et à bien mourir ; qui a pour objet le culte du plus aimable, du plus saint de tous les hommes, qui est l'Homme-Dieu, l'adorable Sauveur Jésus-Christ ; il faut compter avec une religion qui, dans son culte de la sainte Vierge, a réalisé et sanctifié la mère, l'épouse, la vierge; avec une religion dont les dogmes ont quelque chose de si grand et tout à la fois de si simple, qu'en y regardant de près on les trouve naturels.

Si la religion avec ses dogmes qui renferment une morale civilisatrice et libératrice, était le produit de l'esprit humain, il faudrait dresser des autels par reconnaissance à celui qui serait ainsi venu au secours d'une intelligence bornée et d'un cœur enclin au mal.

La religion seule est un maître qui enseigne; en dehors d'elle il n'y a que rêverie fantastique ou silence.

Le rôle de la religion, en ce monde, n'est pas de mourir pour les gouvernements, mais de vivre en paix avec eux et de leur survivre, les aidant à conduire les peuples et leur demandant de l'aider à les sauver.

VI

JÉSUS-CHRIST.

Ou Jésus-Christ a été tel que les évangélistes le montrent, ou il a été imaginé tel qu'ils disent, ou il a été cru de bonne foi. Dans le premier cas, il est Dieu et homme ; dans le second cas, il faut expliquer le tour de force de gens qui meurent pour leur foi ; dans le troisième, il faut penser qu'ils se sont trompés, non-seulement sur l'appréciation de leur héros, mais sur les œuvres qu'il a faites ; mais la Providence, en faisant précéder et suivre l'époque qu'ils racontent, de prophéties qui annoncent, et de faits qui confirment, a répondu pour eux.

Jésus-Christ est le Fils de Dieu, parce qu'il a été annoncé comme tel par les prophètes; parce qu'il s'est dit Dieu, et qu'il l'a prouvé par ses paroles, ses œuvres; parce qu'il est adoré comme Dieu. Le Christ est Dieu, parce qu'il est le centre de l'expiation; le Dieu du ciel ne suffit pas toujours à nos besoins; il nous faut le Dieu du Calvaire.

L'Homme-Dieu est reconnu par ses œuvres glorieuses faites en qualité de Fils unique de Dieu, de la même manière que l'Être des êtres, auquel il est consubstantiel, est connu par la création.

Les dieux de l'Olympe n'ont jamais tiré un sentiment noble et digne des hommes; la méditation du Dieu victime d'amour relève l'énergie, porte aux sentiments célestes et calme les inquiétudes.

Ce qui proclame la gloire du Christ, c'est qu'il est l'inspiration des vaillants martyrs ; pour lui on s'impose des sacrifices, on porte sa croix.

Les hommes étant condamnés à la mort, et le Roi de l'univers racheté ayant subi la mort la plus douloureuse, il est dans l'ordre que les martyrs tiennent le premier rang dans l'Église. Ce sont les martyrs qui ont relevé l'esprit humain, en lui attestant, par la sérénité dans les supplices, son immortelle durée.

La civilisation qui s'éloigne du Christ s'éloigne en même temps de ceux qu'il a aimés, et replonge les pauvres âmes dans tous les mépris, dans tout l'esclavage dont il les avait délivrés par les mains de l'Église.

Dieu a voulu que Jésus-Christ possédât toute lumière, comme la lumière qui préexiste est incorporée au soleil. Avant Jésus-Christ, la lumière était d'une certaine manière, et ceux qui vivaient alors en désiraient une plus grande. Ils étaient dans des conditions plus raisonnables que nos déistes modernes qui ne veulent rien autre chose que ce qu'ils ont.

La constance dans la prière, dans les bonnes œuvres, attire la grâce. Sainte Madeleine cherche, regarde, cherche de nouveau, et finit par voir Notre-Seigneur.

VII

LA SAINTE VIERGE : LA FEMME.

Les anges, ces amis de la cité de Dieu, bénissent éternellement Marie comme la cause de leurs éternels transports et l'instrument de leur salut ; ils n'oublieront jamais que la félicité dont ils jouissent tient aux racines mêmes de la maternité divine de Marie. Les anges, messagers de la grâce dont Marie est la mère, ne cessent de descendre vers nous et de remonter vers elle pour nous aider dans le grand travail de notre sanctification.

C'est le besoin, c'est le vœu des peuples d'arborer l'étendard de Marie, d'élever son image entre le ciel et la terre, afin que tous la voient et que l'ombre de ses mains bienfaisantes s'étende sur des milliers d'âmes.

Pourquoi l'Église a-t-elle tant de fêtes en l'honneur de la sainte Vierge? Cela repose sur un principe catholique qui est que Marie est l'auxiliaire des chrétiens, et que Dieu veut que toutes les grâces nous arrivent par Marie (1); c'est elle qui en est la distributrice ; elle est la médiatrice des chrétiens. Marie, qui est la plus heureuse des mères, est aussi la mère de douleur : c'est que dans le christianisme il n'y a pas contradiction entre douleur et bonheur.

(1) Totum nos habere voluit per Mariam. (Saint Bernard.)

Ève, c'est la femme avec la fragilité de sa nature, avec les séductions auxquelles elle n'a qu'à céder la première pour nous entraîner à sa suite avec toute la puissance de sa faiblesse, avec cette capricieuse instabilité de cœur, cette inconstance de raison qui fait de la vie une longue et riante enfance.

Marie, c'est la force dans le sacrifice et l'amour : au jour de ses fiançailles avec la Divinité, l'humble vierge devint mère de tous les infortunés.

Un des moyens les plus efficaces de perfectionner l'homme, c'est d'ennoblir et d'exalter la femme ; c'est à quoi le catholicisme seul travaille sans cesse.

Partout où l'homme repousse l'influence salutaire de la femme, la race humaine, comme ces plantes du désert qui poussent au milieu des sables arides, est rude et sauvage. L'humanité n'a point assez pour se développer de l'élément intelligent et raisonnable ; la rosée qui la fertilise et qui lui donne sa beauté et sa vigueur, c'est l'élément aimant que la femme seule possède, et qui verse à ses racines les trésors de la foi, de l'espérance et de l'amour, qui la nourrissent bien plus que ne le peuvent faire les faibles puissances de l'intelligence abandonnée à elle-même.

Égale à l'homme par son intelligence, ses aspirations et ses goûts, la femme lui est supérieure par l'affection, le dévouement et cet inépuisable trésor de sacrifice qu'on s'étonne de trouver toujours aussi riche. Une femme judicieuse, pleine de religion, est l'âme d'une maison ; c'est elle qui met l'ordre pour le bien temporel et pour le salut. Et que cette créature soit traitée comme une bête de somme en Chine, humiliée partout où la foi ne porte pas son flambeau, n'est-ce pas un mystère, moindre pourtant que celui qui nous apprend sa chute première et sa restauration par l'Incarnation?

VIII

UN MOT SUR DIEU.

L'imperfection se voit en tout, excepté en Dieu, c'est-à-dire que l'idée que nous avons d'une perfection complète est une preuve que cette perfection existe, et qu'il y a par conséquent un Dieu. De même, quand on examine les divers cultes, on ne voit plus que des imperfections, excepté dans le catholicisme; ce qui prouve que le catholicisme est la vraie religion. La beauté est dans un être physique ou moral, elle n'est pas une abstraction ; elle l'est quelquefois, mais nous n'en aurions pas l'idée si elle n'existait pas dans un être. Or elle n'est dans l'ordre moral ou physique que d'une manière finie; elle est donc dans un être infini d'une manière infinie. Nos misères annoncent Dieu. On l'a dit mille fois : Si de petits êtres tels que nous existent, c'est bien la preuve qu'un être excellent et infiniment parfait existe.

IX

SENTENCES DÉTACHÉES.

— La volonté, c'est tout l'homme, et non le style, comme le dit un célèbre naturaliste. Le style n'est pas plus l'homme que l'habit que nous portons. Les saints ont été des hommes de caractère.

— La pensée de la mort suffisant pour mettre les pensées et les œuvres en ordre, Dieu aura beau jeu contre les pécheurs.

La mort fait une coupe réglée de milliers d'individus chaque jour. Que d'existences ignorées, que de pertes insignifiantes à peine senties dans les familles elles-mêmes! Les individus, cependant, étaient agréables à Dieu, la religion les protégeait, elle seule s'occupe de leur sort. Ah! la religion devrait être aimée à la folie par le peuple, car la religion seule l'estime et l'aime. L'humanité poursuit son cours, sa vie d'unité; mais les individus qui s'en vont si vite, qui les prend en considération? Dieu, rien que lui.

— Je ne puis plus voir les hommes sans penser à leurs âmes; les corps qui s'écroulent me font l'effet de la tente du voyageur.

— La religion travaille constamment à inspirer la haine du péché, à l'opposé du monde qui ne cherche qu'à l'amoindrir.

— Le contact avec des gens sans foi, sans aspiration surnaturelle, glace les cœurs les plus fervents. C'est la loi des répulsions comme des attractions morales. Cela prouve la force intrinsèque de l'apostolat chrétien, qui a une action sur la glace et la corruption des cœurs.

— L'âme qui veut avancer dans la vertu doit être délicate de conscience et se reprocher les moindres fautes ; sans cela elle déviera tous les jours et tombera peu à peu.

— Tout effort fait pour relever l'énergie de l'esprit est un bienfait public. Le cri quotidien de la religion : *Sursùm corda,* est donc un service signalé.

— Peut-on entendre une bonne prédication sans être travaillé, remué par la grâce? Quelle gloire pour notre bonne semence évangélique ! Quelle leçon pour les prédicateurs, pour qu'ils se préparent le mieux possible !

— Comme ces plaques sensibles qui gardent l'empreinte des objets qu'on place devant elles, le cœur des enfants, vivant miroir, plus sensible encore, garde l'empreinte de l'exemple.

— Le monde, avec ses servitudes, est aussi un lieu où l'on peut mériter ; il ne s'agit que d'éviter le mal partout où l'on se trouve, et de faire le bien qui naît des circonstances.

— On se dévoue à certains hommes qui deviennent le centre des opérations d'un siècle ; pourquoi le dévouement ne serait-il pas pour celui qui est l'Être suprême, le Dieu des dieux ?

— L'Évangile n'est pas niveleur, mais pondérateur. Il enseigne aux pauvres la patience, aux riches la bienfaisance. En même temps que l'Évangile crie aux riches de faire l'aumône aux pauvres, il sanctifie la pauvreté et la béatifie.

— La vérité se trouve éparse dans les écrits des anciens philosophes, mais elle y est mêlée d'une foule d'erreurs, et aucun d'eux n'a formulé un Symbole, et encore moins n'est parvenu à le faire adopter; l'Évangile nous dit tout d'un trait une morale admirée de tout le monde; la vérité est réelle comme la vertu; les combinaisons des hommes ne peuvent pas plus inventer la vertu et la vérité, que le hasard produire un monde.

L'Évangile dit que celui qui s'élève,

qui se glorifie, sera abaissé ; les faits l'attestent.

— Ce n'est que par la violence que l'on entre dans le royaume de Dieu. Il faut l'emporter d'assaut, comme une place assiégée. La porte en est étroite, il faut mettre à la gêne le corps de péché. Il faut s'abaisser, se plier, se traîner, se faire petit. La grande porte où passe la foule et qui se présente tout ouverte, mène à la perdition. Tous les chemins larges et unis doivent nous faire peur. Tandis que le monde nous sourit et que notre voie nous semble douce, malheur à nous! Jamais nous ne sommes mieux pour l'autre vie que quand nous sommes mal pour celle-ci. Gardons-nous donc bien de suivre la multitude qui marche par une voie large et commode. Il faut chercher les traces du petit nombre, les pas des saints, les sentiers escarpés de la pénitence, grimper sur les rochers, gagner les lieux sûrs, à la sueur de son visage, et s'attendre à ce que le dernier pas de la vie soit encore un violent effort pour entrer dans la porte étroite de l'éternité. Tout chemin qui mène à un trône est délicieux, fût-il hérissé d'épines ; tout chemin qui conduit à un précipice est effroyable, fût-il couvert de roses. On souffre dans la voie étroite, mais on espère, on veut souffrir, on aime Dieu et on en est aimé.

— Nous devons croire que tout ce qui arrive dans ce monde, les prospérités, comme les adversités, n'a pour objet que de préparer des âmes dignes de la vue de Dieu ; ce point de vue diminue singulièrement les avantages du succès et les amertumes des revers.

— On a souvent occasion de reconnaître que des âmes délicates, éclairées et qui ont reçu assez de grâces se livrent aux mauvais penchants sans la moindre retenue, tandis qu'en même temps des âmes qui ne sont pas si privilégiées luttent énergiquement contre la moindre mauvaise pensée et s'interdisent tout ce qui est défendu. N'est-ce pas là le signe certain qu'il y a un juge au ciel qui fera rendre compte et rendra selon les œuvres? C'est commode de crier contre la rigueur, contre l'éternité ; pourquoi les choses en ce monde sont-elles ce qu'elles sont? Pourquoi cette loi de la conscience, ces résistances, ces consentements? L'avenir dépend du présent, l'avenir n'est pas plus incertain ni extraordinaire que le présent.

— Admettez ceci comme principe incontestable, que l'émotion est le signe de la faiblesse, et qu'elle n'atteint pas les caractères virils.

— Dieu a mis dans l'homme la prévoyance comme deux rayons, dont l'un fait voir ce qui n'est plus, et dont l'autre fait entrevoir ce qui n'est pas encore.

— Le côté le plus bête de l'homme est assurément celui par lequel il se croit important, et se donne en sa personne une importance dont personne ne se doute.

— Trois forces apparaissent dans l'histoire du monde : celle de Dieu, celle du démon et celle de la liberté humaine ;

mais c'est Dieu qui gouverne tout et qui atteint son but : la glorification de Jésus-Christ attendu, venu et perpétuant son règne dans le temps pour le consommer dans l'éternité.

— Les blasphèmes écrits, la négation du Dieu vivant et véritable, l'athéisme, voilà la cause des calamités présentes.

— Pourquoi la sollicitude du lendemain? C'est de mauvais goût, c'est oublier l'Évangile, c'est se troubler pour rien. A chaque jour suffit sa peine.

Qu'importent nos inquiétudes dans une affaire quelconque? Elles ne changent point l'état des choses; elles le font voir autrement qu'il n'est, elles l'aggravent sans profit pour l'âme, qui y perd sa dignité.

Il y a des situations où l'on n'a pas

commis une faute vénielle, ni même une faute contre la prudence, et qui donnent pourtant lieu à mille tracasseries, mille faux jugements de la part de l'opinion; n'est-ce pas le cas de ne rien ajouter aux peines déjà considérables qui en résultent, par une inquiétude déplacée? Ne faut-il pas attendre de sang-froid l'occasion de se défendre et de donner les explications nécessaires?

X

CANEVAS D'INSTRUCTIONS.

Nous ajoutons à ces pensées quelques canevas d'instructions que nous avons pu relever çà et là sur des notes la plupart du temps illisibles. Ce n'est qu'un premier cadre destiné à régler la pensée, et construit au moment de monter en chaire. Ces idées brièvement indiquées témoignent, chez le P. Courtès, d'une grande facilité de conception, d'un sens théologique élevé ; il suffirait d'une parole un peu brillante pour donner à ces ébauches la parure littéraire et la perfection que le style ajoute au discours.

Voici quelques citations ; nous les écrivons telles que nous les avons trouvées ; elles donneront une idée de la manière du P. Courtès :

— La communion. — *Dicite, filiæ Sion*... — Deux mystères dans l'entrée de Jésus-Christ. C'est la gloire d'un roi qui va être couronné, et la pompe funèbre d'une victime. Ainsi la bonne communion est un triomphe pour Jésus-Christ; mais la tiède, la mauvaise, qu'est-elle?... Le triomphe du Sauveur, n'est-ce pas la résurrection du Lazare? On n'obtenait l'honneur du triomphe qu'à trois titres : titres de conquête, de souveraineté, de rachat. Jésus-Christ vient ainsi dans l'âme. Il y vient après avoir détruit le péché. Il a fait renoncer le pécheur à cette idole, à cette vengeance, à cette injustice, à la dégradation des choses saintes. L'âme applaudit : c'est la conquête. L'âme lui soumet son cœur, ses désirs, sa volonté, sa mémoire, le corps lui-même ; c'est la souveraineté. Enfin, il est reçu comme Rédempteur. Il applique les fruits de sa passion, il ouvre ses trésors... Dans les autres sacrements il n'y a qu'une vertu particulière, ici sa vertu s'étend à tout : *Mens impletur gra-*

tia : grâce de la prédestination, moyens efficaces... les martyrs, les vierges, les apôtres... Tel est le triomphe de Jésus-Christ dans la bonne communion, triomphe tout à ton avantage, ô âme fervente! Voilà ton rachat.

Mais les communions tièdes!... O âme, si tu restes avec les vanités de ton esprit, les enflures dans le cœur, les vivacités dans les paroles, les dissipations dans le monde, est-ce un triomphe? C'est une demi-passion. Elle serait complète, si le cœur tenait encore, n'était pas changé, si le crime n'était que suspendu..., alors ce serait une passion.

— *Panem nostrum quotidianum* : Donnez-nous notre pain de chaque jour. — Les docteurs nous enseignent que par ce pain c'est la nourriture de l'âme que nous devons avoir en vue. La nourriture de l'âme c'est Dieu, l'union à sa divinité, la communion à Notre-Seigneur Jésus-Christ.

Il y a trois manières de recevoir cette nourriture : 1° la méditation des mystères ; 2° l'audition de la parole de Dieu ; 3° la communion à Dieu. D'abord la méditation sur les mystères qui nous fait connaître Dieu, Notre-Seigneur Jésus-Christ. Quand on médite sur le mystère de l'Incarnation, de la naissance d'un Dieu, sur les miracles de sa vie, sur ce qui l'a couronnée, le mystère de la Rédemption des hommes, l'intelligence trouve l'aliment qui lui est propre. L'audition de la parole de Dieu, de cette parole qui est la vie de l'âme. Ne voyons-nous pas dans l'Évangile que l'homme ne vit pas seulement de pain, mais de toute parole qui sort de la bouche de Dieu? Quand nous entendons la parole, quand on nous fait voir ce qu'est Dieu pour nous, notre principe comme notre fin, qu'on nous dit que nous devons aller à lui par l'esprit, par le cœur; quand on nous dit ce que nous devons faire pour traverser la vie en attendant le but qui est le ciel, n'est-ce pas là la nourriture de l'âme? Et puis la communion à Dieu, l'Eucharistie, qui est l'aliment de l'âme; l'Eucharistie, par laquelle Dieu est en nous et nous sommes en lui, il est incorporé en nous, et nous le sommes en Notre-Seigneur Jésus-Christ; c'est cette nourriture que nous demandons par ces paroles : *Da nobis*. Les docteurs disent qu'on peut demander aussi le pain du corps, mais celui de l'âme est le premier : *Cherchez d'abord le royaume de Dieu.*

— L'Eucharistie : *Hoc est mysterium :* — Voici un mystère : Celui qui était heureux de faire du bien à tous ceux qui l'approchaient ; celui devant qui tous les peuples se prosternaient ; celui qui a passé en faisant le bien partout, demeure avec nous. Il est dans nos tabernacles. Oui, Seigneur, c'est bien là dans vos tabernacles votre vie cachée qui convient à un Dieu qui a voulu se rapprocher de ses créatures et ne pas les effrayer par sa majesté : *Hoc est mysterium :* mystère d'amour.

Mystère d'ingratitude. Pendant que notre Dieu réside dans nos tabernacles pour être plus près d'eux, ils resteront à leurs jeux, à leurs divertissements, ou s'ils viennent dans nos temples, ce sera pour insulter, par leur air de dissipation, de légèreté, à cette majesté adorable. Pendant que notre Dieu invite ses enfants à se nourrir de sa chair, de son sang, ils n'en veulent pas, ou s'ils reçoivent ces biens précieux dans un temps où l'Église leur en fait un devoir, c'est dans un cœur malade.

— Qu'est-ce qui vous empêche de venir au christianisme? — 1° Son enseignement mystérieux ? Mais les mystères ont la même source que toutes vos connaissances, et s'ils sont incompréhensibles, toutes vos connaissances, au point de départ, le sont également. 2° Est-ce que vous en savez assez sans lui? Mais c'est oublier que vous êtes déchus; le peu que vous savez, vous nous le devez, et votre cœur a-t-il de moindres besoins que votre esprit? 3° Pensez-vous que Dieu soit indifférent? Déiste, qui pensez que votre culte, votre sentiment intérieur suffit, ne vous faites pas pontife ; vous n'en avez pas le pouvoir ; ne vous faites pas prêtre ; Dieu est venu vous éclairer et vous guérir.

ENCORE LES MYSTÈRES.

Les mystères chrétiens ajoutent aux connaissances de la raison, ils répandent la lumière sur les questions les plus impénétrables... l'origine du mal... ce monstre qui nous saisit dès notre enfance, qui corrompt toute chair, qui a peuplé le monde de ruines, qui nous l'expliquera ? Le mal entre-t-il dans le plan de la création ? Dieu a-t-il fait l'homme méchant, ou bien le péché est-il survenu, et dans ce cas le coupable devait-il être abandonné à lui-même, ou convenait-il qu'il y eût une réparation? Voilà sans doute les grandes questions à résoudre; la philosophie n'a jamais rien eu de plus important à examiner. Mais qu'a-t-elle dit (la philosophie incrédule)? Ou que Dieu est l'auteur du péché, ou que le péché n'a fait aucun ravage. Blasphème! aveuglement! comme l'homme en délire qui, après la ruine de sa patrie, montrerait les monuments qui n'existent plus, ô raison humaine, tu trouves tout bien; tu ne pouvais descendre plus bas. Le déisme est un anachronisme, il replace l'homme à côté d'Adam avant sa chute. Il est donc vrai que le mystère qui me dira que Dieu créa l'homme bon, que celui-ci devint méchant par sa faute, que Dieu eut pitié de lui, répand des lumières plus vives, comme l'éclair qui illumine la nue; la religion, en d'autres termes, est le seul guide de la raison.

LE COUVENT.

Le couvent, dans la pensée de Dieu, est 1° l'école et l'asile de la perfection; 2° un apostolat des vérités qui sauvent les âmes; 3° un autel où se fait une expiation et une rédemption perpétuelle.

C'est d'abord une école et un asile de la perfection. Dieu a fait dans l'ordre moral ce qui se voit dans l'ordre matériel, où tous les êtres sont étagés, échelonnés avec une diversité infinie : au firmament, des étoiles de diverses grandeurs, de diverse clarté; sur la terre, le cèdre et l'hysope, et, entre les extrêmes, des milliers de productions qui célèbrent l'intelligence de l'ordonnateur suprême. Ainsi en est-il dans le royaume spirituel, dans la patrie des âmes. Au sommet on voit les pasteurs, ensuite les ministres inférieurs. Dans le bercail sacré sont les corps religieux, troupe d'élite, qui, de leur nature, ne sont ni en avant, ni en arrière; qui, par leurs désirs, aiment la dernière place, mais qui, quelle que soit leur position, forment une association vouée à la perfection chrétienne; et tandis que le commun des fidèles est dans la loi énoncée par le Maître à celui qui demandait ce qu'il fallait faire pour se sauver : *Accomplissez les commandements...*, les couvents sont sous l'empire des conseils tel que l'annonce le Maître au jeune homme : *Allez, vendez vos biens et donnez l'ar-*

gent aux pauvres. Ainsi les ordres religieux sont soumis aux vœux, et les vœux sont une pratique de perfection qui confirme dans le bien meilleur... N'est-ce pas que l'Église a extrait de l'Évangile l'essence de la sainteté pour l'imposer à l'âme religieuse? Notre adorable Maître pose constamment devant l'âme religieuse, lui qui, étant riche, s'est fait pauvre pour nous, qui, dès son entrée dans le monde, a foulé aux pieds les richesses en s'établissant à l'hôtellerie de la pauvreté ; lui qui, né de la Vierge Marie, porte-étendard de la virginité par le vœu qu'elle en avait fait, n'a connu d'autre paternité que celle du créateur des êtres et celle des âmes qui lui sont nées sur la croix ; lui, enfin, dont tous les pas ont été dirigés par la volonté de son Père ; c'est le modèle incomparable ;

c'est lui que l'âme religieuse doit copier ; c'est donc là la perfection qui est propre au couvent ; c'est à elle que vous allez vous consacrer. Cet état plus parfait par sa nature réclame de votre part une marche toujours ascendante...

Le couvent est un apostolat qui prêche la vérité. Ce n'est pas seulement la prédication qui enseigne ; la voie de l'exemple est plus courte : le couvent est aussi une chaire. Quand on se dit que derrière ces murailles se trouvent des âmes qui ne pensent qu'à Dieu, qui sont candidats de l'éternité, peut-on penser qu'il n'y a pas un monde à venir ? Quand on se dit que derrière ces grilles de fer il y a des âmes pures qui vivent comme si elles n'avaient point de corps, n'est-on pas prévenu contre le sensualisme et l'amour du plaisir ? Ah ! une jeune fille qui ne rêve que la vanité ne sentira-t-elle pas refroidir ses mauvaises tendances, en songeant qu'il y a là des jeunes personnes de son âge qui n'ont pour miroir que la croix et la tête de mort?... Et quelle réclamation contre la soif de l'or, que la pauvreté qui mendie! Allez, saintes mendiantes, commissionnaires de celles qui ont tout quitté pour être sur les bancs de la Providence et de la Charité, allez demander aux riches les miettes qui tombent de leurs tables; allez au milieu des villes; votre costume, vos mains tendues pour attendre l'aumône, seront un spectacle qui tempèrera la soif effrénée de l'or, et qui inspirera peut-être aux pauvres involontaires quelque résignation, quand ils verront qu'on peut aimer la pauvreté par choix et par goût.

Enfin le couvent est un lieu d'expiation, de réparation, où l'on mène une vie de sacrifice qui honore Dieu, qui en obtient des grâces. L'expiation est nécessaire. Depuis le péché d'Adam la justice restait seule ; sur le Calvaire elle s'est embrassée avec la miséricorde ; depuis lors, des profondeurs de la croix, le sang régénérateur a coulé pour ceux qui, selon la parole de saint Paul, accomplissent ce qui manque à la passion du Christ. Dans les corps religieux, qui sont des corps d'élite, les œuvres satisfactoires abondent, on fait pénitence pour soi et pour les autres... Ici le silence expie les intempérances de la langue ; ici les jeûnes, les privations expient les licences de la vie immortifiée ; ici le travail continuel expie l'oisiveté. L'assujettissement à une règle qui, du matin au soir, gêne le religieux, expie la liberté si grande, si fantasque, dont chacun jouit avec tant d'expansion.....

Tel est le couvent : nous ne l'avons pas peint sous couleur de rose, mais aux yeux de la foi le joug du Seigneur est doux... Vous êtes ici victime volontaire captive de Dieu ; on vous façonnera encore, on taillera, on polira dans l'obscurité la pierre qui doit servir à la Jérusalem céleste et plus tard à celle du ciel...

ÉLÈVE-TOI, MON AME (1) !

O mon Dieu, que je suis heureux de vous saisir par mon esprit, par ma con-

(1) C'est ainsi que nous intitulons cette belle page, que nous trouvons, au journal, isolée de toute ré-

science ! Je ne répète jamais sans une douce émotion cette parole de Bossuet : *L'imparfait est : comment le parfait ne serait-il pas ?* Ce qui a un peu d'être est ; comment celui qui a la plénitude de l'être ne serait-il pas? Vous êtes, ô mon Dieu, et je vis par l'existence que vous m'avez donnée ; je vis en vous, je respire en vous ; je nage dans votre sein. Mais ce qui ne me cause pas moins de bonheur, c'est la conscience que j'ai de votre essence en trois personne ; c'est la religion qui m'a appris ce mystère, mais ce mystère a sa racine en moi. Le Dieu distinct de la création doit se connaître et s'aimer, comme le dit la religion, et la connaissance qu'il a de lui-même est la splendeur de sa substance, et l'amour

flexion du même genre ; elle porte cette date : 1840. Nous ne pouvons mieux terminer ce recueil.

qu'il se porte à lui-même est l'Esprit-Saint, l'effusion du Père et du Fils. Et vous, mon Jésus, ma vie, ma lumière, vous Verbe incarné, peut-on vous entendre et ne pas vous croire? Vous, la perfection idéale, vous qui avez vécu et qui êtes mort comme un Dieu fait homme, je vous embrasse de toutes les forces de mon intelligence, je vous aime et je vous bénis de toutes les forces de mon cœur! Le monde intellectuel, hors de Jésus, a beau faire et beau dire, il n'est qu'un dévoyé qui délire et qui marche en me faisant pitié. Je ne puis faire le bien, je ne puis avoir une boussole sûre qu'à l'aide de vos enseignements. Vous avez bien fait de crier: *Que celui qui a soif vienne à moi, et je le désaltèrerai;* j'ai soif de vérité, et je bois à longs traits sur votre cœur. Plus je vois d'aberration, de malice, d'imposture, d'hypocrisie, d'affaissement, plus je sens que vous êtes le Sauveur du monde, et que, s'éloignant de vous, le mécréant de nos jours rend saisissante et comme si elle était prononcée d'hier la prière des anciens justes : *Rorate, cœli, desuper, et nubes pluant justum !*

FIN

Tours. — Impr. Mame.

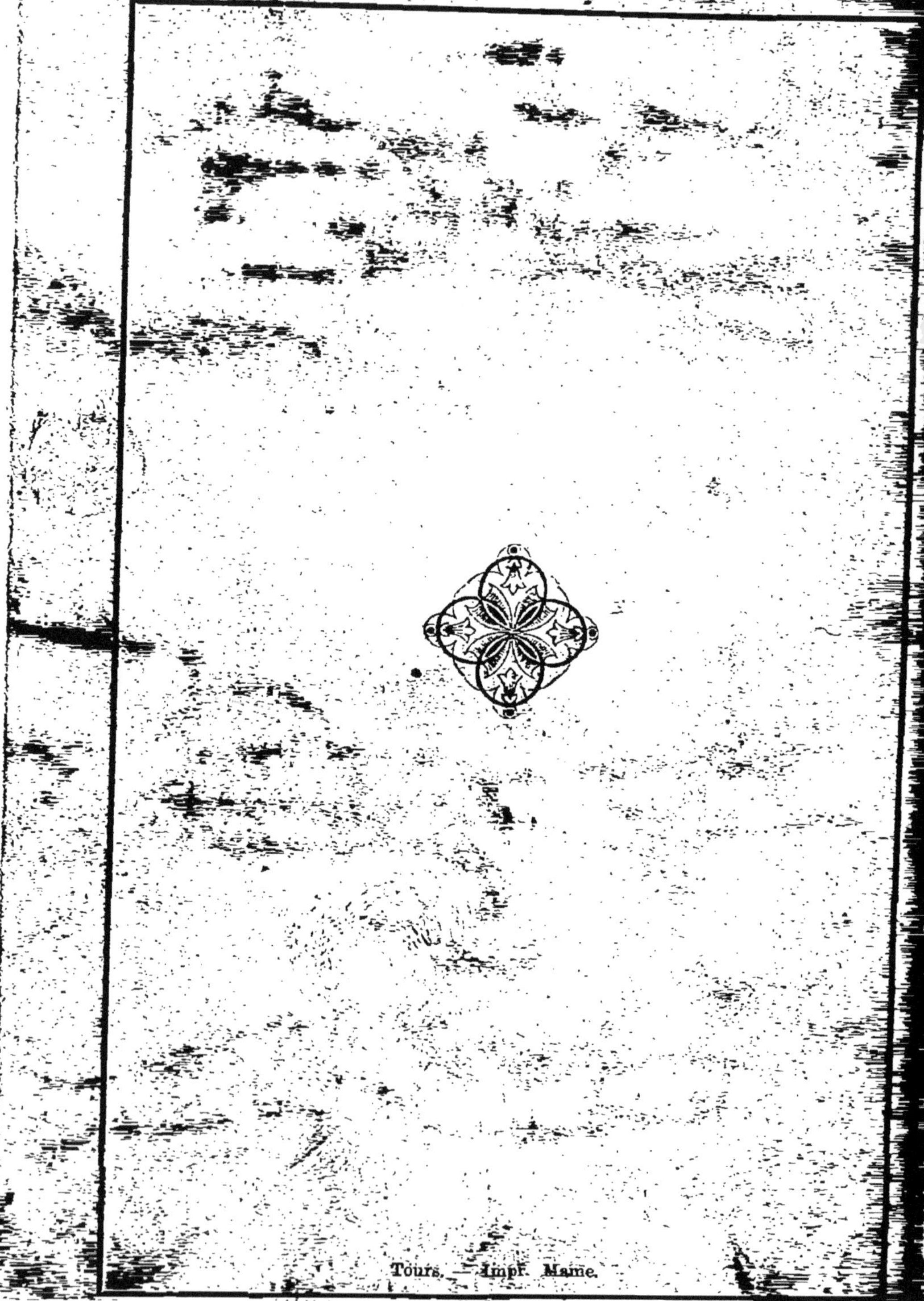

Tours. — Impr. Mame.

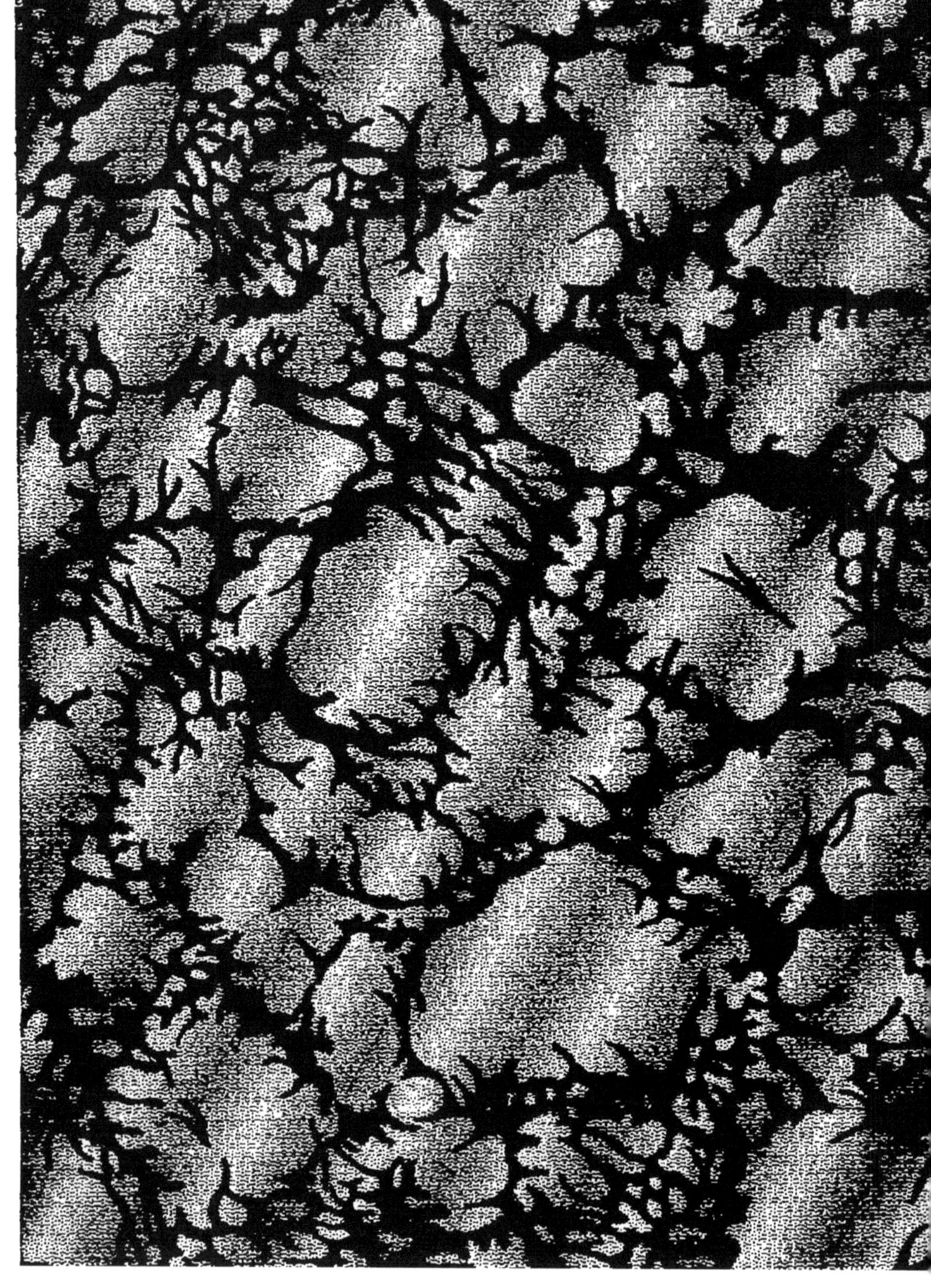

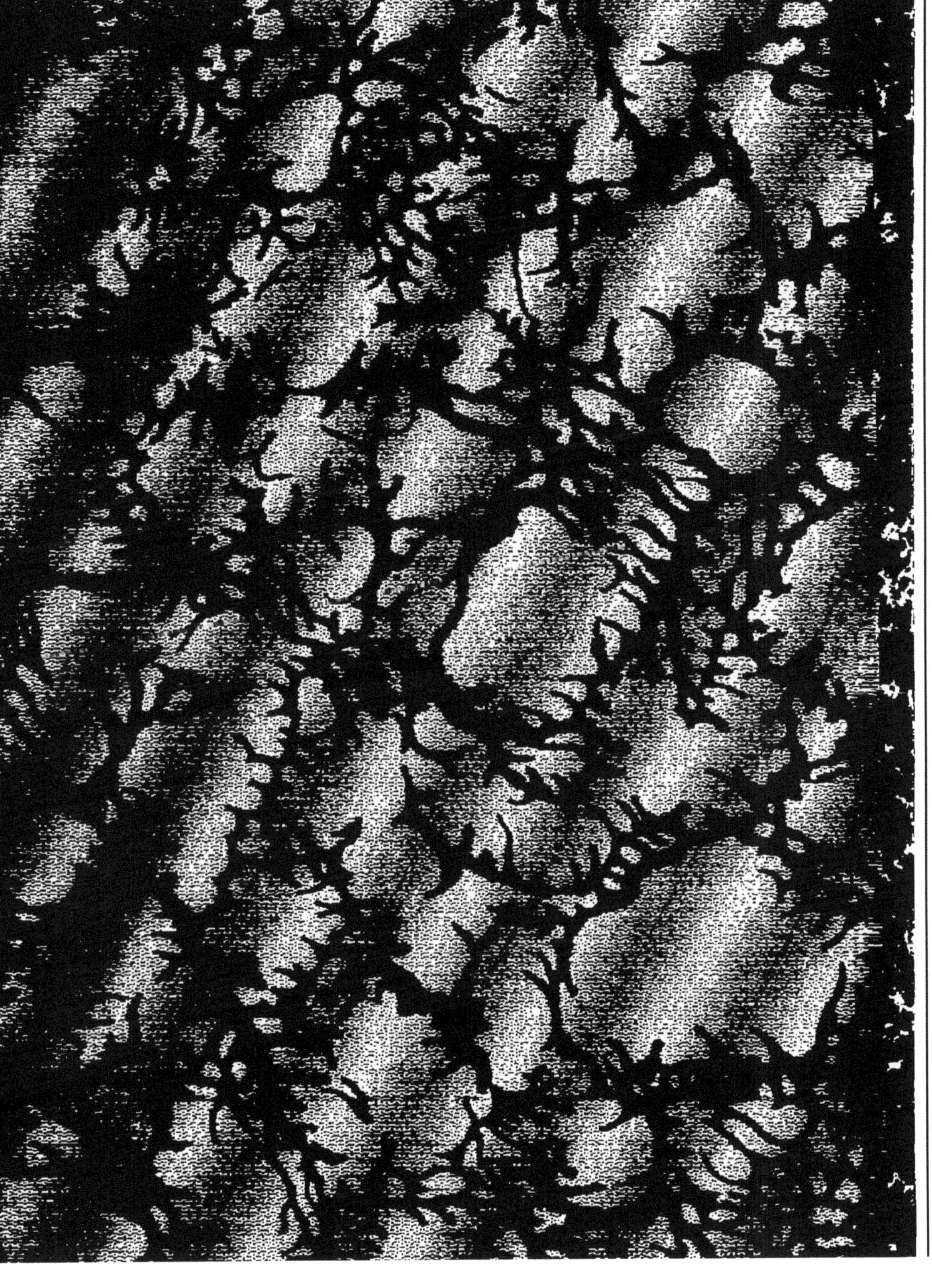

BIBLIOTHEQUE NATIONALE DE FRANCE
3 7502 01047956 8

www.ingramcontent.com/pod-product-compliance
Ingram Content Group UK Ltd.
Pitfield, Milton Keynes, MK11 3LW, UK
UKHW020456200726
13857UKWH00002B/732